吉林人民出版社

简体字本二十六史

宋史

卷二三二——卷二三八

（八）

[元]脱脱等 撰
刘浦江等 标点

宋史卷二三二
表第二三

宗室世系十八

		太师、建王、谥孝良宗莡	昌国公仲江	武功郎士谓	秉义郎不替	善性	汝磊	崇敏	必审			
								崇赞	必寰			
								崇伟				
								崇份	必霓			
								崇侙	必岃			
								崇侣				

			崇倈	
		汝雩		
		汝晶		
		汝卉	崇僁	
	善足			
	善画	汝溓		
		汝淮		
成忠郎不硗	善迁			
赠武翼大夫不怨	善符	汝恖	崇減	
		汝鼌	崇钚	必润
		汝太		
	善愚			
	善告	汝禼	崇全	
			崇忎	必𬣙

									良晗		
						必忆	必忭		必惬	必万	必诜
			崇軎		崇吕		崇噩	崇觉		崇震	
			汝临								
			善勇	善中							
				秉义郎不愭							
太子右	太子右内率府副率士斤	左侍禁士舒									

广平侯仲佹	内率府副率士傓	保义郎不瑀	
	左班殿直士谕		
	右班殿直士湄		
安康郡公仲邮	赠昭庆军节度使、豫章侯士溅	保义郎不均	
		左朝散大夫、直秘阁不敌	善肆

	善缉	汝胖	崇烟	必昙
				必晏
			崇炼	必时
				必昔
		汝肤		
		汝腾	崇堂	必暈
		汝毽	崇坊	必景
		汝腴	崇镛	必皙
		汝眈		
赠武功大夫、蕲州防御使不扃	善组	汝合	崇班	
			崇玭	必俩
				必墐
				必埙
				必堧

				右承奉
				不蹇
				保义郎
		汝俾		
		汝淂		
		汝悬		
		汝慈		
		汝亼	善乘	
		汝净		
	崇楗			
必戬				
必焌	崇森			
	崇禾			
必覂				
必炥				
必燠	崇裳	汝清	善邑	
必堤	崇滐	汝思		

					郎不泯	善览	汝坙					
							汝旁					
							汝镬					
						善鉴	汝预					
							汝竣	崇暾	必硕			
							汝湡	崇昜				
								崇敉				
					武翼郎 不嗄	善劢	汝顼					
							汝赐					
							汝蔼	崇铢	必藻			
								崇镛				
								崇铳	必旹			
									必凌			
									必𤏸			
						善埏						
						善钚	汝涌					

				汝淞	崇覃	
					崇稟	必圤
					崇享	
			善穮			
			善䅾	汝僀	崇㴖	
			善旸	汝苂		
				汝茹		
				汝庞	崇淍	
荣国公、谥孝节仲的	右千牛卫将军士伦	秉义郎不谀	善利	汝常	崇和	必梱
						必中
					崇稆	
					崇稔	
		修武郎不矫				
	右班殿					

直士带	不犯				
	不纪				
	不圯				
赠少师、和国公士慷	修武郎不曒	善时			
		善潆	汝朴	崇逵	
				崇迁	
				崇逷	必瑧
					必瓔
					必琞
				崇燏	
	训武郎不庑	善志	汝杨		
			汝晞	崇侈	必玒
					必珕
		善照	汝棬	崇侚	必镶

必铸													必璈		必珄	
								崇钌				崇溁	崇炽	崇燫	崇讻	
	汝早	汝梓	汝昜	汝曼	汝皋	汝昴	汝㬎	汝昪			汝校	汝桴	汝检		汝棅	汝槊
	善组										善践					
									不求		武翼大夫不罶					

	必璨	必矿												
	崇炁		崇僬		崇焦				崇燎	崇熉	崇黠			
汝栎	汝锖			汝钲	汝檠	汝嵘	汝柴	汝槸	汝枨	汝柲		汝標	汝札	汝珮	汝溜	汝榉
	善统												善峋			

	必效	必敉	必瑑	必⿱羽土	必瑂							
	崇僊		崇⿰讠由			崇谔	崇谞					崇熊
汝滐	汝朩		汝⿰木合					汝檥			汝志	汝⿱石心
	善仚										善翰	
										赠武显大夫不单		
									太子右内率府副率士作	右班殿直士偆		

善宪	汝愁	崇溥	
		崇浮	
		崇眶	必钰
	汝愸	崇畦	
	汝憋		
	汝澧		
		崇昷	
		崇瞰	
		崇濛	
			必锉
	汝凭	崇倍	必穗
	汝㤞		
		崇昀	
		崇畔	
		崇睬	必镙
		崇翮	

右朝请大夫士敔	忠训郎不尢	善珙	汝恋	崇札	
			汝惎		
	不违				
赠金吾卫将军士于	忠翊郎不駮				
	赠武翼大夫不敍	善玼	汝偕		
			汝任	崇瑷	必谈
					必诖
				崇璁	
			汝傈	崇瓆	
				崇玛	必讻

必枅																
崇赒	崇晛	崇徸	崇虡						崇镀	崇盻	崇時		崇瑕	崇镫	崇琱	
	汝侧	汝欧	汝柳	汝瑾	汝侪	汝佩			汝仿		汝优	汝㐷				
	善戳			善琥		善罿	善神	善迺			善宪					
							朝散郎不绐									

必枌

崇⿰目祭　崇睟　崇⿰目卜

汝偲　汝俾　汝傔　汝佩　汝⿰亻怂

不彼

太子右内率府副率士悦　右千牛卫将军士休　右千牛卫将军士顺　太子右

内率府副率士深					
太子右监门率府率士懵					
赠宁远军节度使、永国公士穆	赠武翼郎不歉	善宦	汝钟	崇畲	必逯
					必渺
			汝铚		
			汝锖	崇秅	
			汝铯	崇竫	
			汝镰	崇衙	
				崇衙	

		汝辇	崇迨
		汝挚	
	善洽	汝镂	
赠武翼郎不谡	善愿		
保义郎不謂			
			崇条
			崇畲
		汝㤹	崇穪
			崇惚
			崇仙
		汝惓	崇但
		汝恬	崇钧
	善睹	汝倾	
	善馨		
		汝银	

	崇秿		
	崇稴		
	崇穋	汝楒	善鄈
	崇[illegible]		
	崇隥	汝枚	
		汝楫	
良樠	崇蒔	汝棒	
		汝楧	
		汝榷	善僴
		汝踊	
	崇煎		
	崇逄		
	崇迕		
	崇逡	汝踑	
		汝攀	
	崇夔		
	崇賓		

			崇柚
武翼郎不凝	善企	汝沐	崇暬
			崇礬
		汝湀	
		汝泭	
		汝湤	
		汝忏	
		汝偶	
进封开国侯不严	善干		
	善栩	汝琦	
武翼郎不材	善基	汝譪	崇班
			崇玩
		汝諿	崇珗

崇华 崇璮 崇琉 崇琥 崇瑮

汝谕 汝惆 汝[讠戋] 汝[讠界] 汝膲 汝[讠心] 汝谊 汝订 汝奘

善奜 善[覀共大] 善奥 善奘

赠开府仪同三

							汝楠
							汝境
	善凯	善音	善韵	善訑	善惎	善濩	善洌
						善采	善晨
							善晃
忠训郎不浇	武节郎不跂	进封开国伯不搭	训武郎不撲	修武郎不柴	修武郎不仚		
司、永国公士秀							

						善早						
			太子右内率府副率仲愿									
			华阴侯仲葳	赠武翼郎士训	赠武节郎不繄	善要	汝辖					
							汝辏	崇枋				
								崇抃				
							汝毂	崇揄				
							汝轹					
						善据	汝轮	崇梱				
								崇栂				
								崇櫰				
						善旦	汝轨	崇秷				
								崇稃				
								崇橱				

		善铄	
	汝磲		
	汝砰		
崇钰			
崇镆	汝硝	善庑	
		善沣	
	汝铸		
	汝伺		
崇类			
崇段	汝依	善佼	不侪
			武翼郎
	汝轭	善陨	
		善乂	
	汝镭		
崇稆			
崇稞			
崇𥝢			

		右千牛卫将军士郑				
赠太师、袁王、谥僖孝宗胜	右监门率府率仲吕					
	昌国公、谥良孝仲并	右监门卫大将军士侑	忠翊郎不畸	善裕	汝澓	
					汝流	
			赠武翼郎不蛊	善俨	汝琩	
					汝迒	
					汝蘷	崇浪
					汝珅	崇港
					汝[illegible]	

		善滫	汝镈		
赠婺州观察使、东阳侯士鄅	赠武翼郎不俗	善晡	汝仢	崇骙	必仆
		善班	汝櫂		
			汝榕		
			汝槙		
			汝檏		
		善严			
	秉义郎不傂	善巩	汝玢	崇璁	必相
					必棫
				崇玘	
				崇淦	必恧
					必息
					必愁

								崇楬				
							汝理	崇淳	必⿰木桼			
								崇漂	必楮			
									必杵			
							汝⿰王勤	崇⿰土军	必汿	良挤		
									必淦			
									必泞			
								崇圳	必锑			
							汝镞					
						善彶	汝仍					
							汝榶					
							汝宓	崇⿰氵邕	必曕			
								崇粹	必⿱九月			
				太子右内率府副率士输								

				右监门卫大将军士[衤巢]	成忠郎不相赠武功大夫不[讠皋]	善璪	汝池	崇渚	必宁			
									必勔			
									必劤			
									必勨			
						善祉						
						善[壴心]	汝邈					
							汝迎	崇欣	必[亠口心]			
									必憝			
						善联	汝[辶酉]					
						善祺	汝琇					
							汝穉					
								崇毂				

	崇[illegible]					
必坛	崇沅					
必堇						
		汝遹	善緈			
		汝僖				
				不嫉	士眷	
					太子右内率府副率士鑮	北海侯仲埙
				保义郎不鄙		
				保义郎不[illegible]		
				不备	右班殿直士鑵	
				秉义郎	荣州团练使、开国侯	

	善衰				
不惇赠明州观察使	不黩			成忠郎	不慧忠翊郎
士盻		右监门卫大将军士敦	太子右内率府副率士海	太子右内率府副率士劾	

嘉国公仲佽	赠恭州团练使士等	不虑	
		成忠郎不挫	
		成忠郎不蹇	
		成忠郎不[illegible]	善诫
		成忠郎不彫	
	太子右内率府副率、人道改翠微郎士符		
	太子右		

		内率府副率士策	
		右监门卫大将军士荸	
		太子右监率府率士竿	
	济阳侯仲奓	太子右监门率府率士鄱	成忠郎不闲
			成忠郎不愲
赠太师、惠			

王、谥信节宗楚	平阳郡王仲赐	朝议大夫士愢	修武郎不欺				
			秉义郎不同	善式	汝鄗	崇槻	
						崇棪	必蕡
						崇標	必奭
						崇栯	
					汝溥	崇棫	必炥
						崇枉	必喜
						崇梭	必樋
					汝顽		
					汝悰		
					汝抑		
					汝钝	崇埶	
			忠翊郎不諟				
		太子右					

	内率府副率士看				
	右千牛卫将军士记				
昌国公仲畤	朝散大夫士虓				
惠国公仲璩	高州团练使士哲	赠承议郎不物	善蒯	汝暮	
				汝惫	
				汝昌	
			善愿		
			善芑	汝堇	
				汝宿	崇楦
				汝瀓	崇桊

				善礽	汝津	
					汝兰	崇櫰
赠太师、钦王、谥穆恪宗祐	右监门率府率仲狝					
	清源侯仲厥	右班殿直士跬				
		右班殿直士湓				
		太子右内率府副率士踽				
		右监门卫大将军士招	成忠郎不倦			

	右监门卫大将军士輸			
	康州刺史士途			
	右班殿直士濎			
简国公、谥荣孝仲瑳	赠太中大夫士俩	不话		
		不悭		
		不诏		
		成忠郎不陧		
		赠武经郎不慴	善謩	汝蕃

	必岑	崇录	汝硂	
			汝铨	善釭
		崇值		
		崇仟	汝鋈	
	必昈			
	必暟	崇仞	汝玗	善谐
	必佋			
	必僬			
	必儁	崇巉		
	必岦			
	必岊			
良骖	必岱	崇嶓		
	必边	崇锦	汝劲	
	必嶁			
	必成	崇崃		
	必莘	崇嘌		
	必蔌	崇岫	汝钧	

			崇钔	
	善澧	汝榭	崇嶟	
			崇岾	
成忠郎不遨				
成忠郎不𢾈				
赠中奉大夫不㥏	善救	汝玏	崇涚	
			崇涞	
	善诒	汝费	崇堪	必祝
			崇墿	
	善祁			
	善汇	汝勈		
		汝劬		
		汝锌		

赠越州观察使士昕	不憾			
	忠翊郎不慄			
	秉义郎不诂	善曤	汝沧	
康州刺史士砲	成忠郎不櫶			
	成忠郎不恪			
	不慨			
赠保信军节度使、东阳侯士靓	武经郎不悁	善觉	汝浮	
			汝熿	崇惰

				崇苗	
				崇范	
			汝熄		
		善畀	汝熹	崇煟	
				崇镝	
				崇𬉼	
				崇楉	
		善霁	汝侜		
			汝伍		
			汝讱		
			汝谏		
赠奉直大夫士负	训武郎不剧	善诹	汝延	崇𤨿	
				崇謦	
				崇𫍰	
			汝筌	崇盖	必埌

					必葆
		善萃	汝玗	崇钾	必淯
				崇镨	必[illegible]
			汝璔		
			汝[illegible]		
	成忠郎不讦				
赠婺州观察使、东阳侯士赫	追封安化郡公不外	善御			
		善祲			
		善祎			
	不谀				
太子右监门率府率士					

	蔼	
	太子右监门率府率士卞	
沂国公仲玲	太子右监门率府率士科	
	赠保宁军节度使、新安郡公士恭	保义郎不亢
		太子右监门率府率不

善琓 善琥

梏 保义郎不杜 不侮 成忠郎不琑

士冲 右监门卫大将军士莘 吉州刺史士忠 太子右监门率府率士俎 太子右监门率府率士

忠州团练使仲微

			武翼郎不疏		
褠	太子右监门率府率士眷		右朝奉大夫士辟	右千牛卫将军士闯	右千牛卫将军
		太子右内率府副率仲暧	博平侯仲觏		

				士开								
				赠明州观察使、奉化侯士阐	从义郎不渗	善似	汝甯					
						善值	汝浆					
						善俭						
					从义郎不媮	善穌						
						善鮨	汝稀					
					训武郎不僄	善须						
						善袤						
					武德郎不陁	善尘	汝迳	崇泷				
								崇滝				

					汝逌	崇泛
						崇沂
					汝遳	崇冽
				善庭		
				善厂		
			不秕	忠翊郎善铢		
		忠翊郎士衎				
	左屯卫将军仲琩					
赠太师、景王、谥孝简宗汉	武康军节度使仲珙	赠保信军节度使、东阳郡公士式	赠从义郎不缺	善执	汝建	崇稷

必瑜	崇白			
	崇玿	汝迶		
		汝迄		
		汝遖		
必棃	崇䅻	汝祥	善恭	武德大夫不僂
	崇[illegible]			
必棐	崇秾			
		汝礽		
必晊	崇焦	汝禵		
必旰				
		汝测		
	崇賆	汝潍		
		汝佰		
		汝詻	善耸	赠训武郎不璩
	崇䝒	汝焯	善壐	

				崇涛
		善缘	汝熄	崇消
	忠训郎不窦			
	武德郎不谖	善纲	汝透	
		善舒	汝渗	
			汝翌	
			汝瑓	
			汝玔	
右监门卫大将军士铸	成忠郎不调	善标		
太子右监门率府率士				

	锡					
	太子右监门率府率士录					
安远军承宣使仲彩	太子右监门率府率士涎					
	太子右监门率府率士铎	赠武显大夫不酕	善挥	汝棣	崇仢	必徎
						必御
					崇僊	必佫
						必俏

			必盇	必太		必奝	必奁									
崇祓	崇堰	崇祧		崇泮	崇偱		崇伉	崇倚	崇玙	崇𣲗	崇侠	崇伷	崇佫	崇倘		崇𤥩
		汝稫			汝樛			汝橧		汝栌				汝杭	汝窠	

	汝迅	善摄		
崇盱	汝概			
崇睐				
崇臚	汝樾			
	汝柱			
	汝枹			
		善璎		
		善揣	训武郎不刿	
		善融		
崇臁	汝潚	善玒	赠武经郎不耜	
	汝涸			赠太师、咸安郡王、谥敏士铢
		善泳		
		善奎		

	善奋			
赠武翼大夫不渝	善璪	汝汻		
	善琰	汝沘	崇桄	
			崇树	
			崇榄	
成州团练使不倚	善遇	汝聟		
	善舆	汝泄	崇寀	必𢗰
				必涧
				必俭
			崇樸	
		汝潒	崇棹	
不执	善鑯			
朝散大				

	夫不踑	善憇			
		善耤	汝御		
			汝溭		
	追封安化郡公不诐	善荟	汝藹		
	赠朝散郎不缩	善卿			
		善窥	汝溧	崇𣏟	
				崇拾	
				崇揖	
			汝譞		
太子右监门率府率士镳	赠武翼大夫不咈	善慥	厔	崇钠	必滢
					必涧

必濛		
必湏	崇珍	汝塾
		汝坔
	崇璥	
必淅	崇璑	
必沔	崇珽	
必泇		
必⿰王奚	崇玭	
必潍		
必漩	崇⿱阝夆土	
必泝		
必洁		
必洐		
必泓		
必沄	崇⿰王带	汝玺
	崇鉁	
	崇锡	

		良垓	良堉	良墀												
必学	必炅	必照			必熜	必访					必熵	必烽				
	崇桂				崇槿	崇楷	崇旹	崇稽	崇僓	崇悁	崇梅	崇椅		崇乘	崇东	崇幢
	汝淑						汝泓	汝津	汝溶		汝潍		汝淖	汝渫		汝漼
	善钧															

		崇辖		
善⿰讠葛	汝琬			
	汝珪			
		崇櫑	必银	良逵
			必⿰钅蓳	
			必镊	
	汝⿰氵当	崇炀		
		崇⿰火亶		
善访	汝栝			
	汝柜			
善灼	汝椽	崇⿺辶郝		
		崇遡		
		崇隧	必椹	
		崇适		
		崇退		
	汝杭	崇仝	必⿰日奚	
		崇余		

														必显	必蕷	必颙
									崇想	崇溝	崇泐	崇淤	崇雰	崇湀		
汝槟	汝臯	汝廉	汝淅	汝滓	汝洴	汝泌			汝迈	汝过			汝貪	汝迁		
		善冠					善楕		善瀛							
								武德郎	不缗							

必恁													
	崇溆			崇厡		崇秿	崇袥	崇櫓					
		汝送	汝驤	汝驭	汝骢	汝潃			汝滤	汝濫			
			善涛			善辙							
										太子右	监门率	府率士	大
												太子右	内率府

	成忠郎不暝	成忠郎不竭			
副率士最	太子右监门率府率士达	吉州刺史士穓	莱州刺史士睦	太子右内率府副率士析	
	昭信军承宣使仲晷				

右千牛卫将军士浩	
太子右监门率府率士滈	
	右监门率府率仲贤
太子右监门率府率士禔	感德军承宣使仲系
太子右内率府副率士	

湛				
太子右监门率府率士美				
从义郎士雄	不几			
	训武郎不舒	善钥	汝悚	
			汝怜	崇𨻶
				崇陴
				崇恺
			汝慄	
		善铿	汝镰	崇蕙
			汝锡	
		善铣		
		善镶	汝滑	崇棖

			崇熩
		汝玎	
		汝濝	
	善银	汝斫	崇铨
			崇惠
		汝璃	
	善钒	汝瑸	
右千牛卫将军不戾	善灿	汝烤	
		汝坾	
保义郎不盅			
训武郎不玭	善钒		
	善锵	汝戆	崇愗
			崇铺

崇橙					
	汝镔	善铝			
	汝憝				
	汝恴				
	汝慕				
	汝憙				
	汝愃				
	汝[illegible]				
		善钫			
			保义郎不狎		
			忠翊郎不踽		
					昭庆军承宣使仲分
				赠右卫将军士琬	
			成忠郎不遗		

	不衮			
	武节郎不纠	善邃		
		善近	汝伦	
			汝椚	
			汝懔	
			汝愔	崇潆
				崇褁
			汝隱	崇䌊
	武翼郎不辱			
赠金州观察使、安康侯士珀	从义郎不袴	善机		
太子右				

内率府副率士报

右千牛卫将军士与

不伎

太子右内率府副率士戛

右千牛卫将军士穊

太子右内率府副率士授

太子右内率府副率仲俟	太子右监门率府率士拾				
荣国公仲璝					
琼王、谥恭宪仲偪	赠开府仪同三司、和国公士周	赠武显郎不骞	善秷	汝逮	
				汝乃	
				汝篷	崇珠
					崇烗
					崇煴
			善琠		
			善瑎	汝谭	

汝谟		汝坍		汝沼	汝浇	汝瀊						汝昭	
	善错	善钺		善赉			善轲	善轵		善屣	善张	善柯	
			武德郎不黜						忠训郎不吪				
													太子右监门率府率士表

太子右监门率府率士涛	太子右监门率府率士骞	太子右监门率府率士贤	太子右监门率府率士澜	太子右
	康州防御使仲玶			

				监门率府率士瑴	不危							
			忠州团练使仲玶	太子右监门率府率士偶								
				赠开府仪同三司士忞	从义郎不施	善琬						
						善麾	汝杉					
							汝柘					
						善沾	汝臬	崇塀				
								崇埔				
							汝碤					
							汝楑	崇掬				
								崇淕				

	汝烳	善槐	
	汝煊		
	汝烶		
	汝爟	善梗	
	汝淬		
	汝溔		
	汝澤	善铢	
		善枅	不摧
			武节郎
		善骈	
	汝株	善冥	
		善象	
崇沭	汝構	善禄	
崇謷	汝儭		
	汝榛		
	汝槅		
崇瀿			

汝坚						
善楧	善孚	善求	善谘	善历		
武节郎不颙						
右监门率府率仲栒	右监门率府率仲蕅	右监门率府率仲[illegible]	右监门率府率			

			仲炤										

越王房

越王、谥文惠元杰	子幼亡不及名，诏以允言子宗望继其孙。	高密郡公宗望	赠保静军节度使、开府仪同三司、谥良僖仲郜	赠陈州观察使、陈国公士关	袭封越国公不器								
				赠越州观察使、会稽侯士获	左侍禁不伐	善贺	汝贷	崇道					
								崇信					
								崇德					

			必和	必规	必开						
崇荣	崇倡	崇大	崇赟	崇亮		崇至					
			汝贽								
							右班殿直不畏	从义郎不党	秉义郎不哿	成忠郎不敏	承信郎不忮

				赠安化军节度使、观察留后、高密郡公士耕	三班奉职不违							
				赠右屯卫大将军士蚪								
				左侍禁士睍	承信郎不欺							
				秉义郎士碥								
				左侍禁士榛								
				朝散大夫士瞰								

东平侯仲嘉

赠开府仪同三司士附

三班奉职不矜

右侍禁不复

右班殿直不仲

三班奉职不愆

三班奉职不摄

忠训郎不怡

赠忠州观察使、高密郡公

宣义郎不绿

士缅	三班奉不仲			
	左班殿直不临			
	不敦			
	不偈			
	不疏			
武功郎士锭	训武郎不华			
	承节郎不抗	善时	汝羲	
	武翼郎不娄	善璇	汝俊	
		善效	汝丏	
			汝最	崇允
			汝峻	
	成忠郎			

	不耀		
	保义郎		
	不违		
	忠翊郎		
	不同	善建	汝鏫
			汝疆
	成信郎		
	不惑		
	不雉		
忠训郎	承节郎		
士暂	不奢		
	承信郎		
	不侈	善铚	汝枌
			汝棣
		善钦	汝纳
		善锜	
		善镈	汝极

						善钊	汝芬 汝牺 汝符 汝祝					
					成忠郎							
			河内侯仲炎	太子右内率府副率士艮 太子右内率府副率士屏 太子右内率府副率士蹠								

				崇璒	崇璜				崇瀓		
	汝弈	汝充	汝童	汝音		汝啻	汝育		汝褒	汝卞	
	善𬣙							善渊	善谋	善濮	
	赠武节郎不倚										承直郎不[illegible]
赠右屯卫大将军士時	赠武功大夫士逗										

华原郡公仲峭	赠保大军承宣使、高密士充	武翼郎不息	善诗	汝忻		
			善调			
			善谦			
			善诱			
			善辉			
		不必				
		秉义郎不愈				
		三班奉职不回				
		武翼郎不溢	善建	汝昭		
				汝蒙	崇朴	必达
						必信

				崇恪
				崇恺
			汝楮	崇字
				崇萃
				崇保
				崇亿
			汝俪	崇随
				崇慨
	不盛			
右班殿直士玥				
赠敦武郎士懞	修武郎不求	善仁	汝能	崇珪
				崇琭
				崇瓖
				崇琎
	不已			

	不僣							
	承节郎							
	不群	善亶	汝悊	崇佚	必戬			
			汝嵃	崇询				
				崇漪	必茂			
			汝晄	崇倬				
				崇惆				
		善俊						
		善贷						
	不佞							
右侍禁	保义郎							
士宕	不愿							
右班殿	修武郎							
直士衮	不溢							
	秉义郎							
	不回							
	承信郎							

		崇儒								
	汝典	汝巽			汝励					
	善逵			善岦	善崧					
不盈	左承直郎不乙		忠翊郎不丙	承信郎不丁		不未	不皮			不倚
	武经郎直沂							右班殿直士冀	右班殿直士鉴	敦武郎士浛

右监门率府率仲蘤	右班殿直士汶 右班殿直士沇 武经郎士蓼 从义郎士楝

宋史卷二三三

表第二四

宗室世系十九

镇王房

镇王、谥懿元偓	相王、谥孝定允弼	祁国公、谥良宗述	右监门率府率仲璆									
			润国公仲俶	内班殿直士抡	赠太中大夫不惧	善况	汝礽	崇策				

				崇见		
		善雄				
		善回				
		善愈	汝骏			
			汝觐	崇驰	必琪	
				崇盎	必瓛	良鑒
			汝骕	崇桧		
			汝樯	崇驷	必珽	
	不愚	善仁				
		善智				
		善信				
	不溢					
	不柔					
内殿崇						
班士□						
赠武翼						
大夫士	武经郎					

	崇袟	崇襆			崇廥	崇鹿	崇踶									
	汝摩		汝侊	汝镯	汝训				汝槛	汝根	汝桲	汝榆	汝德		汝阅	
善计	善诊		善证	善誃	善谂			善词	善诞						善謕	善讳
不屯														武节郎	不弌	
镜																

			汝櫑	汝檩	汝勍	汝榑				汝楁	汝炷					
善谞			善𬤊	善璹	善玦			善郢	善识	善栻						
	从义郎	不倰	不慊		不衰		承信郎	不卞				承信郎	不痡			
														太子右	监门率	府率士
														高密郡	公仲诱	

嗃

赠沧州观察使、景城侯士禓

武经大夫士屹

左班殿直士瞤

武翼大夫士貑

忠翊郎不危

三班奉职不懦

成忠郎不誩

成忠郎不遡

善延

汝彝

崇榜

崇𣙜

必蓑

必芰

必秉

必萬	必葦	必茯	必菂	必湄		必菜										
				崇碏	崇圠	崇𡑞	崇垠				崇鉊	崇鐩	崇浪	崇鋞	崇铋	崇𫟹
					汝羼		汝墼				汝㖯			汝睹		
								善凤		善挹	善桄					
									武翼郎	不僂						

						善扬	汝暹	崇赞	必辑			
									必铒			
									必鋆			
					不迳							
				右班殿直士肆								
				右班殿直士镛								
				右侍禁士憝	不湝							
				从义郎士蒸								
			奉化郡公仲颱	赠感德军承宣使、清源侯士瑄	修武郎不倚	善济						
						善渊	汝贤	崇祐	必高			

良蓬	必佇		
良演	必僀		
良塌			
良壖	必概	崇玢	汝悦
			汝梅
			汝彬
		崇柟	
	必魁		
良楪			
良梓	必彰	崇高	汝锡
	必眷		
	必谏		
	必议	崇璘	汝稈
		崇嗣	汝霖
	必秸		
	必秾	崇绥	
良檍	必旺		

						良迂
					必僃	
				崇玶	必俔	
					必俵	
					必昰	
				崇琪		
			汝哲	崇琮	必暐	
				崇琩	必磃	
					必铱	
		善信				
	成忠郎					
	不慹					
	武经郎					
	不覬					
	承信郎					
	不越					
武经郎	承节郎					

				士仔	不蔽							
					承节郎不倦							
					秉义郎不辱	善愊						
						善忔	汝须	崇墫	必硂			
						善沽						
						善恂						
					武经郎不哗	善长						
						善言						
					承节郎不谠							
					从义郎不谇	善恪						
						善恢	汝烃					
						善惇						

崇城			崇汋	崇臺	崇垷						崇缧				崇炉	崇憎
汝封	汝愁				汝柽	汝蒇	汝祐	汝彗	汝隅	汝魁	汝搴			汝明	汝试	汝谐
	善吁						善觧			善释	善沄		善恺			善怿
	不讦	秉义郎									不谍	从义郎				

崇[氵费]　崇琎　崇[氵以]　崇溧

汝懃　汝欢　汝伴　汝偞　汝榑　汝楠

善祖　善渊　善信

从义郎不他　不蔽　不骄　秉义郎不党　忠训郎不倚

忠训郎士俾

	必沰								必鐁	必镉	必釪					
崇[illegible]	崇谍	崇招		崇镉	崇镳	崇衜	崇镆	崇沩			崇篝					
	汝靡	汝害	汝旂					汝示			汝彫					
			善咊								善曆	善郉				
												不猛	忠训郎	不器	不比	
															士瑑	武翼郎

		汝陶	善结	不荒		
				保义郎		
				不迷	士畴	
				从义郎	武经郎	
					士燕	仲酧
					右侍禁	嘉国公
					士昭	
					秉义郎	
					士意	
					武翼郎	
				不骄		
	崇镰	汝伉				
	崇诣	汝漷				
		汝攻	善日			
必淑						
必浲						
必瀳	崇誁					

		善犇	汝谌		
			汝纯	崇闉	必睐
				崇阛	
		善佯	汝升	崇闳	必琰
			汝学		
	承信郎不过				
武经郎士淙	不退				
	不迁				
左班殿直士代					
修武郎士庸	修武郎不迹	善镛	汝昙		
			汝认	崇徘	
				崇僕	
			汝访		

崇济	崇溹	崇瑨	崇淰	崇瑑												
汝讵	汝寿	汝祾	汝被	汝澪												
善钰		善镫														
					不逸	为逼										
							武翼郎	士𥘵	秉义郎	士竫	右班殿	直士赙	敦武郎	士碎	从义郎	士凱

				保义郎士荣								
		彭城郡公宗艺	河内侯仲璗									
			赠左领军卫将军仲頎	成忠郎士怖								
				敦武郎士陪								
		南阳郡王、谥良孝宗缋	镇国公仲麐	武翼郎士志	从义郎不溢							
					保义郎不湊							
					秉义郎不忲							

秉义郎不湍	善惠				
	善恩	汝墳			
		汝渊	崇慵	必竑	良睐
					良畤
					良䁒
				必𥪕	
		汝全			
		汝异	崇朕	必键	
			崇股	必浭	
			崇膧	必壐	
				必墐	
				必堃	
			崇肱		
			崇膹		
			崇脯	必畊	
		汝盈	崇悰		

					必濈									必蒝	必莪	必茝
	崇稍	崇櫇	崇祧	崇柭	崇祩	崇穰							崇惆			崇愓
汝鄘						汝苗										
						善洄	善頔		善彪	善昃	善昌					
							武经郎不浞				训武郎不污					
							修武郎士陊									

											必洄					
崇僯		崇霞								崇瑁	崇睿			崇敀	崇侐	崇傍
汝逮	汝䙰	汝𪣻	汝翮								汝𫐐	汝级	汝渫			汝瀹
	善聆	善偒	善职	善元								善稽				
				修武郎不贪		右班殿直不亶		保义郎不惑								

						善畯	汝所	崇阷				
					不病							
					不贰							
				宣教郎 士綵	保义郎 不渝							
					忠翊郎 不珂	善脩						
						善铎						
					不惇	善珏						
					不沉							
					不违							
					不这							
					不适							
				从义郎 士瑨								
				赠武功 郎士充	武翼大 夫不弊	善禊						

						善栓						
					承节郎不俠	善昳	汝⿰彳松					
					不妨							
			赠右领军卫将军仲逄									
			济阳侯仲慥	赠武功大夫士婠	不华							
					赠武经郎不憿	善⿰王齐						
						善⿰王焉	汝替	崇垦	必⿰山凡			
								崇垛				
							汝钐					
							汝仓					
				武经郎士祛	不湮	善秲	汝倉	崇堲				

必□			必逯							必愠	必恮				
崇垒	崇垩	崇墅	崇缇	崇总	崇纹	崇继	崇佈		崇窠	崇玧		崇忬			
			汝僩			汝偂	汝系	汝□	汝解	汝唤					
			善稔						善移				善枢	善杞	善极
													承节郎不悦		

	崇恭														崇圆	崇伏	
汝宅	汝莲												汝约	汝缉	汝緻		
善瑨	善珎				善琯	善琇	善琀	善琛							善骈		善楮
	赠朝议大夫不愧							修武郎不已							修武郎不慬		
			赠正奉大夫士荫					武节大夫士芭		武翼郎士鑋							

必历	崇药	汝鏊	善瑀			
必历						
	崇壂	汝浧				
		汝锬				
				赠宣奉大夫不悔		
必然	崇梼	汝考	善瓖			
			善玩			
				朝散大夫不愔		
				承议郎不熅		
		汝卯	善环	武德郎不悱		
					太子右率府副率仲荛	赠太师、循王、谥

思宗景	嘉国公	修武郎				
	仲獬	士铠				
		从义郎				
		士侉				
		左班殿				
		左士雅				
		右班殿				
		直士任				
		忠翊郎				
		士夙	不躡	善昌		
				善兆	汝腆	
		忠翊郎				
		士贾				
		武节郎	修武郎			
		士恮	不岀	善鋻		
				善渼	汝镭	崇[illegible]
						崇诚

												必澄				
	崇稤								崇峭	崇嵯	崇峒	崇崵	崇嶒		崇⿰讠界	崇謍
汝詣	汝谇					汝贮							汝⿰讠合	汝谴		
	善漈	善塈		善皋	善室	善球	善瑇							善亶		
		不蹒	不踌			不距	不踳	修武郎								

					不躁							
					不踦	善镳	汝垩					
							汝梠					
				忠翊郎士勔								
				赠乾州团练使士滥	不贪	善超						
					不费							
			镇东军承宣使仲温	成忠郎士衵								
		赠司空、南阳郡王、谥恭康宗	华阴侯仲沃	左藏库使士琚	保义郎不诏	善俊	汝臬	崇德	必正	良诚		
										良忠		

		乔						崇奖	必勇	良才		
									必荣	良正		
										良庆		
										良诜		
										良谕		
										良谊		
								崇姚	必迈			
									必禄	良泽		
										良洪		
								崇岳	必恢	良玙		
										良瑞		
									必谋			
								崇卫	必煜	良㷍		
										良咏		
							汝烈	崇永				
								崇述	必𬬻			

			崇镇	
			崇讷	必瑸
			崇谰	必瑂
			崇灖	
	善能	汝谧	崇僖	必镐
保义郎不诐	善箕	汝逡		
	善政			
成忠郎不诅				
不诈				
武节郎不诽	善滑	汝濈		
		汝铎		
		汝傕		
		汝聪		
不诞	善秘			

			善袷	
			善襧	汝聆
		不讷		
		不诡		
	武功大夫、荣州团练使士珆	修武郎不谲	善同	
			善从	
			善骏	汝匪
		保义郎不讦		
		秉义郎不跪	善乃	汝镣
				汝锴
				汝镬
右千牛				

	卫将军仲洸	忠翊郎士进				
		成忠郎士钊				
	右千牛卫将军仲珇					
陈国公、谥孝修宗孺	温国公、谥孝恪仲芮	右班殿直士误				
		武翼郎士铙	忠翊郎不踰			
			秉义郎不敃	善励	汝燕	崇臻
			不逸			
		右侍禁士铉				

				赠武节郎士珽	忠训郎不倞	善长	汝铳					
					赠承议郎不伉	善埴						
						善堂	汝镠					
							汝镒					
							汝铜					
					武翼郎不惮	善鄙						
				从义郎士钚								
				从义郎士铨								
			崇国公仲[illegible]	从义郎士慗	不儒							
					不亶							
					忠训郎							

		不炜			
	忠翊郎士侅				
高密侯仲晼	左班殿直士召				
	武翼郎士觇	忠训郎不忮	善蘇	汝羔	
		承节郎不器	善稹	汝羡	崇⿱路心
					崇德
					崇悊
			善秬		
		保义郎不座	善桥	汝贤	
				汝赟	
				汝赟	
			善⿰禾戚	汝贵	

	赠右朝散郎士趏		善光	汝羲
	左班殿直士簦			
	右班殿直士昪			
	成忠郎士淬			
	成忠郎士甗			
文安侯仲柟	赠武略郎士栈	成忠郎不慼	善锐	汝庆
				汝度
				汝从
	武德郎士修	成忠郎不谄		

		修武郎士桑	不冰		
		敦武郎士仳	忠翊郎不束	善瑗	
				善瑛	
				善珽	
北海郡公宗制	彭城侯仲雪	左班殿直士机			
		右班殿直士珅			
		武经郎士璧	承信郎不吝		
			不懥	善儆	汝翼
		赠武节郎士溓	不耀		
			成忠郎不浊	善車	汝穆

	武翼郎不埙	善垕	汝遨	
			汝遡	
		善鼎		
		善潢		
左班殿直士懋				
武节郎士悊				
	进武校尉不言	善瑀	汝祚	
			汝裪	
			汝裀	
		善璒		
		善璜	汝禟	崇仚
			汝襘	
	承节郎不亮			

					从义郎不衮	善敦	汝祖						
							汝祐						
							汝禖						
					不裒								
				武经大夫士僓	不遁								
					不速								
			阆中郡公仲敔	右侍禁士绎									
				右侍禁士竱	承节郎不慊								
				右班殿直士悛									
			济州防御使仲吟	修武郎士河	忠翊郎不箕	善亨							

										崇伋	
			汝宺	汝薪	汝熊	汝芹		汝宥	汝骙	汝宠	汝宪	汝寀	汝宲
善蕫	善言		善庆	善晰			善瑕	善放		善迨		善嫩	
		训武郎不硐											不麃	不谬

				武经郎士砖	承信郎不虐	善玉	汝内					
						善桐						
						善棣						
					不废							
				从义郎士辟								
				士亨	不诜	善述						
			太子右内率府副率仲诰									
			华原侯仲遐	成忠郎士义								
			饶阳侯仲沄	修武郎士𬣙								
				赠武义	成忠郎							

				郎士偻	不瑕	善氤	汝楷					
							汝机					
							汝旃					
							汝槐					
						善侠						
						善氛	汝铎					
							汝鉴					
						善氲						
					不玷	善佺	汝敳					
						善俅						
						善昶						
					赠武经郎不挠	善倖						
						善健						
						善孖	汝倓					
							汝拓					
				武翼郎	保义郎							

士侠	不剥		
	不隐	善切	
武经郎士锩	保义郎不窐		
	成忠郎不窘	善珮	
		善岘	
	武翼郎不宥	善羿	
		善恞	
		善藟	汝正
		善瑚	汝钿
		善珊	
		善瑇	
武节郎士崪	赠通奉大夫不择	善艭	汝昌

汝稷	汝溸							汝孔		汝淏	汝泷	汝洌	汝淪	汝汩	汝荓	汝颙
	善琭	善伋	善俣			善捅	善爚	善甹	善宁			善恭	善侃			
			不扜	不搤	忠训郎											

							汝洓					
							汝濍					
							汝润					
						善围						
					从事郎不揉	善泙						
						善浯						
						善俯						
				叙承信郎士傅	保义郎不侻							
					不盖							
					不武							
					不倢	善仲	汝璘					
					不合							
					不胃	善敞	汝证					
					不性							

楚王房

楚王、谥恭宪元偁	赠左屯卫大将军允庄											
	赠汝州防御使允则	诏以允升子继楚王为孙，高密郡王、谥孝惠宗达	东阳郡公仲烈	惠国公士岌	三班奉职不倦							
					赠武翼郎不谄	善荣	汝顺	崇履				
								崇士	必坚			
								崇向				

		崇戬		
	汝舟	崇誉		
		崇祉	必强	良肱
			必兴	良辅
善义	汝霰	崇举		
		崇简	必济	
			必滋	
			必恭	
			必升	
			必谦	
			必信	
		崇胄		
		崇珏		
	汝嘉			
善戡	汝孚	崇晋		
		崇萃		
		崇观	必劾	

必钦															
崇速	崇逮	崇玷	崇迄	崇邂	崇搢	崇竑	崇梗	崇椅	崇棫	崇海	崇涧	崇澜	崇溢	崇濯	崇偈
汝渐					汝茂		汝缕			汝先					汝涣

			崇儆	
			崇仰	
			崇俪	
	善庆			
	善言	汝文	崇洽	
			崇博	
			崇发	
			崇规	
修武郎不讷	善治	汝明	崇志	
			崇信	
		汝霏	崇该	必大
			崇玙	
	善辅			
武经大夫不谊	善能	汝恭	崇籍	
			崇櫄	

								崇[讠奇]				
							汝和					
						善长	汝会	崇倧				
								崇倪				
								崇便				
							汝纶					
							汝受					
							汝干					
						善政	汝潍					
							汝聒					
							汝企					
						善候	汝翼					
							汝适					
					成忠郎不谋							
				建国公士纮	忠翊郎不远	善资						

					忠训郎不违							
					秉义郎不逆							
					成忠郎不速	善尊	汝由					
							汝更					
							汝睦					
				修武郎士循								
				从义郎士号	不止							
					不匪	善巫	汝侵	崇闲				
							汝恶					
						善敏						
						善巧						
						善彬	汝孚					

赠左领军卫将军仲几					
赠保宁军节度使观察留后仲汤	楚国公士撰	不逸			
		训武郎不忸	善膺	汝晦	
				汝时	
				汝映	崇伋
					崇刚
					崇点
					崇禃
					崇轩
					崇逹

			崇定	崇悫	崇抃	崇彧	崇伃	崇思	崇邴	崇宿	崇黯	崇硃	崇诫	崇闻
汝祥	汝晓						汝眫						汝昉	
	善轺													
	不情 承节郎	不哔 承节郎												

崇珍	汝贤			
	汝宁			
	汝安			
	汝功			
	汝为	善用	不愚	
			忠翊郎	
		善和	不吝	
			保义郎	
			不义	士桂
				修武郎
		善通		
	汝谐			
	汝晖			
	汝俊	善拔		
	汝唤			
	汝隆			
	汝桂			

汝德　汝寿　汝箕　汝弼　汝能　汝明

善同　善固　善圆　善因　善回　善周

承节郎不忱

左侍禁士撰　右班殿直士曜

右监门

			率府率仲锦									
			赠左领军卫将军仲洙	右班殿直士虢								
				右班殿直士慨								
				武翼郎士□								
				修武郎士跅	承节郎不趀							
					竦							
					不翊							
					不靖	善闻	汝仁					
						善发	汝明					
				武翼郎士厇	修武郎不觭	善潡	汝改					

			右监门率府率仲璜	忠训郎士□		善陕 善净						

周王房

周王、谥恭肃元俨	博平侯允熙											
	定王允良	赠太师、安康郡王、谥孝荣宗绛	右监门率府率仲竣 赠右领军卫将									

			军仲荟									
			赠宁远军节度使仲绶	东头供奉官士谮	承节郎不昈							
					承节郎不快							
				右侍禁士誃								
				成忠郎士莪								
				成忠郎士瓃								
				成忠郎士藹								
				成忠郎士蒠								

蕲州防御使仲牧	左班殿直士玶
	右侍禁士裁
	右侍禁士搴
	右班殿直士买
	右班殿直士相
汉东侯仲抚	忠训郎士湝
	左班殿直士沐
	敦武郎士濊

				武德郎士玶	从义郎不伸	善敢	汝讙					
						善阜	汝辰					
					不僭							
					忠训郎不伤	善收	汝遞					
							汝述					
						善敊	汝逾					
							汝遬					
							汝迟					
						善檄	汝逷					
							汝逘					
						善敆	汝遄					
							汝逡					
			赠左领军卫大将军仲	右班殿								

访	直士遣	
象州刺	右侍禁	
史仲逌	士寋	
	忠翊郎	
	士谷	
	成忠郎	
	士楄	
东阳侯	右侍禁	
仲兕	士肤	
	承信郎	
	士鋹	不谀
赠左领		
军卫将		
军仲霖		
赠武功		
大夫、		
成州团	武翼郎	

			练使仲丞	士抡								
				武经大夫士遂	秉义郎不遬	善迁						
					从义郎不惎							
					承节郎不惪							
					不恖							
					忠训郎不恩							
					保义郎不惑							
					不忒							
				忠翊郎士翺								
				成忠郎士胖								

汝昌　汝升

善逮　善建　善遗　善连　善近　善迻　善逵

不忎　训武郎不璔　保义郎不玷　从义郎不瑜

成忠郎士𬳶　敦武郎士元　赠武节大夫士翻　成忠郎士梏

南阳侯仲釪

	武义大夫士准	承节郎不佔	
		秉义郎不仲	
		不仵	
		成忠郎不俶	善诱
右监门卫大将军仲培	右侍禁士椿		
	成忠郎士鬷		
	保义郎士宿		
	成忠郎士髣		
	武经郎	训武郎	

	士鑑	不复	善周
			善旋
		不恣	
和州防御使仲埴	成忠郎士倬		
	武经郎士屽	不诒	
		不梅	
贵州刺史仲埒	成忠郎士蘘		
太子右内率府副率仲坚			
奉化侯仲罜	赠明州观察使、太子右		

				奉化侯士褒	监门率府率不逷							
					不遄							
					保义郎不这							
					不退							
					不返							
				从义郎士寅	承信郎不攘							
					不这							
					不遗							
					不选							
		赠司空、普安郡王宗兰	高密郡公仲铦	武经郎士軏	保义郎不伐							
					成忠郎							

	不猎	善学	汝能
			汝夔
		善德	
	不骄		
	不争	善琦	汝煓
	不危		
	不忒	善谋	
		善从	
		善言	
		善诱	
右班殿直士贷			
秉义郎士畛	承信郎不隐		
	不回		
	不作		
	承信郎		

崇典	崇良	崇贤			崇贤	崇禧					崇誉	崇谟				
汝孜	汝漆		汝棵	汝能	汝寿	汝玤	汝琕	汝琖	汝璙	汝禄	汝霖		汝贤			
善翱					善玸	善蕙				善[illegible]	善班					
不慬																
														秉义郎	士□	保义郎

	士邁	
	成忠郎	
	士墐	
	成忠郎	
	士珈	
	成忠郎	
	士珻	
太子右		
内率府		
副率仲		
兼		
中州		
团练使	成忠郎	
仲湑	士瀳	
	成忠郎	
	士玥	
	成忠郎	朝请郎

				士诚	不将							
				成忠郎士龄								
				成忠郎士林								
		冯翊侯宗史	赠左武卫大将军仲孜									
			赠左屯卫大将军仲跂	忠翊郎士造								
		信都郡公宗勔	太子右内率府副率仲裪									
			成州刺史仲摩	修武郎士频								

武节郎士燕	承节郎不忡	善邈	汝立
			汝覃
			汝枝
	宣教郎不惹	善遄	汝楫
	不怍		
	不悰	善[illegible]	汝为
		善遂	
	不愪	善退	汝能
			汝嘉
	不校	善迈	汝桂
			汝林
		善选	
		善逸	汝椿
修武郎士诚	不怂	善䌹	汝侁

								汝侠	汝能	汝攸	汝偳	汝什	汝俩	
		善璇	善从	善谲	善佸	善佪	善樾						善绹	善经
	不悠	不璎				不㥞 忠训郎	不慫 承信郎							
成忠郎														

汝谐	汝详	汝说		汝霖	汝俊	汝仪	汝作									
善绪			善缕	善诗	善给											
不悱				不悯	不慊											
士卿								从义郎	士𫍯	忠翊郎	士蹉		成忠郎	士陮		
								博平侯	仲衢			右千牛	卫将军	仲陵		
															赠舒州	团练使

		宗易										
	永嘉郡王、谥思恪允迪	太子左监门率府率宗象										
		赠太保、简王、谥康惠宗粹	太子右内率府副率仲翼									
			赠左屯卫大将军仲轼	忠训郎士钣	成忠郎不竞	善积						
				敦武郎士镇	赠训武郎不昧	善耆	汝赞					
						善倖	汝蕃					
							汝侥					
						善珆	汝燧					

	善忠			
	善夆			
		不敷		
	善灌	忠翊郎不訚		
			忠训郎士锝	
			秉义郎士铩	
		不旦	朝奉郎士鈗	荣国公仲頫
	善赣	不苛	忠训郎士瞿	
汝劦	善珀			
		右迪功郎不蒻		
		不溥		

右朝请大夫士恢		秉义郎士忻				贵州团练使士仅			
忠训郎不太	不菲	不碍	保义郎不均	不群	不窋	承信郎不矜	承节郎不懒	不慓	不群

		不空			
	文州团练使士偁	不旦	善鼓	汝昇	
建宁军承宣使仲轩	右朝请郎士弱	不佞	善遵		
			善庆		
			善问		
			善良		
			善逊		
			善眩		
	武德郎士骎	忠翊郎不逸	善殿	汝玟	崇虎
				汝难	
			善禩	汝良	
				汝增	

		善偲	
	不违		
秉义郎士俦			
右班殿直士仡			
武经大夫士侁	修武郎不桀	善峀	
	忠训郎不裕		
	不栗		
	不柔	善固	
忠翊郎士琣			
成忠郎士尚	不侮	善欢	汝谊
			汝诫

			善憺	汝柎
			善慺	汝析
			善憧	汝梯
				汝榑
		赠朝奉		
		不倿	善谥	汝梧
			善谧	
	忠翊郎			
	士即			
	成忠郎			
	士冒			
永国公	右班殿			
仲[illegible]	直士篑			
	赠右朝			
	散大夫	朝散大		
	士叟	夫不遽	善褅	汝减
			善文	汝铺

汝镏	汝镆															
善斑					善谥	善谅	善谓		善佰							
		保义郎	不速	武节郎	不迺			训武郎	不逮	保义郎	不运	不[illegible]	不迻	不逭	不迁	不造

	不诧	
	不迂	
	不遑	
	不遒	
	不迟	
武经郎士蔼	承节郎不讷	善仝
	武经郎不诊	善亦
		善庶
		善众
	不譀	
	不谀	
	不诃	善言
		善章
武翼郎士以	不訾	

德庆军节度使仲温	武翼郎士糈	保义郎不乱	善俸	汝大
	士秐	不迁	善孚	
	忠训郎			
		不迹		
		不迓		
		承信郎不遒		
	武翼郎士琏	承信郎不逭	善景	汝僖
		不仄	善諹	
		不虓		
		不仇		
		不桼		
		不乏		

	从义郎士宿	左修职郎不败	善浮	
			善漉	汝谔
				汝谦
				汝谅
				汝诠
				汝说
			善爽	
			善智	
			善信	汝谋
			善儋	
右监门卫大将军仲镗	忠翊郎士雙			
忠州防御使仲𫓯	忠翊郎□□			

	和州防御使仲辑	忠翊郎士彦			
		修武郎士嫤	不矜		
			不懒	善俦	
			不慓		
博平郡王、谥安恭允初	诏以宗鲁子继允初为孙，东阳侯仲速	赠左朝请大夫士旖	改赠朝散郎不领	善积	
				善学	
				善长	汝仪
					汝艾
				善僧	

	善言		
	善能		
	善杰		
承信郎不忒	善结		
忠训郎不设	善伶	汝括	
		汝颜	
	善志	汝瑄	
		汝珙	
		汝琮	
		汝戴	崇雯
	善纲		
	善肃		
承信郎不括			
赠中大			

右迪功
善韦
善纪
汝晏
汝方
汝曨
汝齐
汝昢
汝封
善悳
善谋
汝吾
汝昢
汝曨
汝晏
汝旿
夫不柔 善镬 汝自

					郎不器	善杰	汝稽					
						善泰						
					承信郎不逾							
				从义郎士觌	不惑							
					承信郎不贪							
					不谬							
				成忠郎士旗	不居	善畾	汝谇					
						善閴	汝[illegible]					
							汝绚					
							汝龚					
				秉义郎士廉								

英宗四子：长神宗；次吴荣王颢；次润王颜，早亡；次益端献王頵。

吴荣王颢	冯翊侯孝纯												
	晋康郡王骞孝骞	追封□原郡公安统	居钦										
		右千牛卫将军安邵	居毅										
			居端	多福	自牧	深甫							
					自康								
				多寿	自师	次甫							
					自诚	和甫							
						山甫							
				多誉	自重	介甫							

	永国公孝锡											
		安盛										
		安炳										
				多见	自勉	章甫						
						咨甫						
					自谦	吉甫						
					自显	尹甫						
				多艺	自安							
						茂甫						
					自正	华甫						
						生甫						
			居靖	多才	自祐	仲甫						
					自适							
					自达							
				多谟	自公	清甫						
					自明	及甫						

益端献王颙	博平侯孝哲					
	检校少保、淮康军节度使孝诒	汀州防御使安祚	居易			
		赠太师、追封文安郡王安时	居广	多德		
				多义		
				多述		
				多识	自柬	亨甫
					自钦	
					自恭	
					自纯	

	自勤									
多智	多功	多学	多益							
居仁		居申		居修	居礼				居民	居久
						太子右监门率府率安宪	太子右监门率府率安素	贵州刺史安正		
								豫章郡王	孝参	

右监门卫大将军安民
右监门卫大将军安上
右监门卫大将军安静
太子右监门率府率安宪
太子右监门率府率安雅

太子右监门率府率安叔

太子右监门率府率安纪

太子右监门率府率安谨

太子右监门率府率安珉

赠司空、平

原郡五孝奕	追封惠国公安信	居中	多能	自存					
				自任					
				自俭					
			多助	自得	遵甫				
				自廉					
	康州刺史安中								
检校少保、宁武军节度使孝骘	右监门卫大将军安世	居简							
		居隽							
	太子右监门率府率安								

		谥	居阁	多庆	自约							
					自柔							
				多贤								
		太子右监门率府率安嗣										
		太子右监门率府率安宝										
		太子右监门率府率安式										
		太子右监门率										

太子右
明
府率安
监门率
太子右
祐
府率安
监门率
太子右
敳
府率安 孝忱
监门率 仪同三司
太子右 度使、开府
奉宁军节
检校少保、
鄘
府率安

太子右监门率府率安期	
太子右监门率府率安逸	
太子右监门率府率安逊	顺昌军节度使孝颖
太子右监门率府率安叙	
监门率	

	府率安节								
检校少保、静江军节度使孝愿	安基								
	太子右监门率府率安宅								
	太子右监门率府率安惪								
赠司空、广陵郡王孝永	忠州防御使安止	居厚	多慧						
			多闻	自治					

神宗十四子：长成王佾，次惠王仅，次唐哀献王俊，次褒王伸，次冀王僩，次哲宗，次豫悼惠王价，次徐冲惠王倜，次吴荣穆王佖，次仪王伟，次徽宗，次燕王俣，次楚荣宪王似，次越王偲。惟佖、似、偲、俣四王有子，余八王皆早亡。

赠侍中、尚书令兼中书令、徐州牧、吴王、谥荣穆佖	追封华原郡公有恪											
	和义郡王有奕											
	安远军节度使有常											
太原成都	兴宁军节度使有章											

牧、燕王俣	追封博平侯有邻
	追封文安侯有成
赠太师、尚书令兼中书令、冀州牧、楚王、谥荣宪佖	永宁郡王有恭
真定牧越王偲	追封河内侯有仪
	遂安军节度使有忠
	右骁骑卫将军有德

徽宗三十一子，钦宗为长子，高宗为第九子，棫之弟、材之兄也。柽、楫、材、栱、椿、机早亡。

赠太师、尚
书令、兖王、
谥冲禧柽太
原牧兼杭州
牧、郓王楷
赠太师、尚
书令兼中书
令、追封荆
王、谥悼敏
楫
太保、保平

武宁军节度
使、肃王枢
太傅、荆南、
镇东军节度
使、景王杞
太傅、护国、
宁海军节度
使、济王栩
检校太尉、
开府仪同三
司、淮海节
度、扬州管
内观察处置
等使、益王
棫
赠太师兼右
弼、追封郊

王、谥冲穆

材

开府仪同三司、武胜兴宁军节度使、祁王模

开府仪同三司、宁江军节度使、莘王植

开府仪同三司、静难军节度使、仪王朴

山南东道河阳三城节度使、徐王棣

剑南东川威武军节度使、太保、沂王樗赠太师尚书令、追封郓王，谥冲懿

栱

瀛海安化军节度使、检校太傅、和王栻

庆阳昭化军度使、检校太傅、信王榛

庆源军节度使、检校太

保、赠太师兼右弼、追封汉王、谥冲昭椿

开府仪同三司、镇安军节度使、安康郡王楃

开府仪同三司、保静军节度使、广平郡王楗

赠太师兼右弼、陈王、谥悼惠机

武康军节度使、检校少保、

相国公梃

平海军节度使、检校少保、瀛国公橞

开府仪同三司、武安军节度使、建安郡王楧

定国军节度使、检校少保、嘉国公椅

雄武军节度使、检校少

保、温国公

楝　集庆军节度使、检校少保、英国公

槵　保庆节节度使、检校少保、仪国公

桐　淮康军节度使、检校少保、昌国公

柄　横海军节度

使、检校少保、润国公、追封原王枞												

朴、榛、槵不知所终。模从徽宗出，薨于青城。余皆北迁。

钦宗二子：长皇太子谌，北迁；次训，生于五国城。

高宗一子：元懿太子旉，三岁亡。

孝宗四子：长庄文太子愭，次魏惠宪王恺，次光宗，次开府仪同三司、淮原军节度使、邵悼肃王恪，早亡。

光宗二子：长保宁军节度使挺，早亡，次宁宗。

宁宗九子：长不及名，次兖冲惠王埈，次邠冲温王坦，次郢冲英王增，次华冲穆王坰，次顺冲怀王圻，次申冲懿王墌，次肃冲靖王垍，次邳冲美王坻，皆早亡。

宋史卷二三四

表第二五

宗室世系二十

魏王廷美十子：长高密郡王德恭，次广平郡王德隆，次颍川郡王德彝，次广陵郡王德雍，次郧国公德钧，次江国公德钦，次原国公德润，无子，次申王德文，次姑臧侯德愿，无子，次纪国公德存。分为八房。

高密郡王房

高密郡王谥慈惠德恭	德国公承	右班殿										

	直克晤							
庆	建国公克继	冯翊侯叔藻	太子右内率府副率动之					
			太子右内率府副率琹之					
			利州观察使释之	三班借职公益				
				左班殿直公溥				
				右班殿直公润				
			赠右奉					

				议郎禄之	赠中大夫公回	彦球	藻夫					
							衜夫	时蔚				
								时性				
								时愃				
							雍夫					
							丹夫					
						彦礼	及夫	时息				
								时檦				
							睦夫	时拭				
								时括				
						彦璆						
						彦琳						
						彦瓌	文夫					
					保义郎公渊							
			荣国公	真州防								

叔敖	御使聚之	武翼郎公秩	彦元			
			彦通	直夫	时俅	若瀸
						若瀎
						若涓
			彦仁			
			彦信			
		右侍禁公度				
		训武郎公素				
		武翼郎公宰	彦章			
		公甯				
	河内侯微之	武翼郎公贳	彦文			
			彦武	澳夫	时僙	

									嗣杰						
			若钧	若铿					若元						
时帟			时几		时埴	时柔		时杰	时熊						
	胜夫	绍夫	经夫			缮夫	绥夫	𬘭夫		缵夫	缉夫	绚夫	维夫		
								彦卒							
														右班殿直公明	公忱

										嗣淦	嗣湝	嗣沦	嗣汋
	若矽					若弨	若弧	若强	若柯	若俣		若侊	
	时戳			时昱	时休	时迥			时佮	时佫			
	观夫	兴夫		悫夫					杰夫				
	彦镬		彦质	彦尹									
	从义郎公旦			从义郎公杲									
三班奉职长之	武经郎善之												

						嗣滐
			次夫	时珏	若俶	
		彦文				
	公升					
	公景					
	公昱					
	公俊					
	公义					
	公智					
武功大夫贵之	秉义郎公训	彦致				
		彦瑀	瑾夫	时烂	若珙	
				时熷	若壆	
			珵夫			
		彦塀				
	武义大夫公谌	彦筌	洮夫	时操	若熹	

													若倠			若杰
							时銓		时湢	时沧			时佁			
	秖夫	佫夫	僕夫	俫夫	侵夫	倜夫	偓夫	怜夫		愢夫	心夫	思夫	凭夫	悳夫	仔夫	
							彦策							彦籍		
从义郎																

					公谞	彦篪	悥夫					
						彦镒						
				右班殿直正之								
				承议郎葆之	忠翊郎公义	彦逖	南夫	时朴				
								时偻	若玭			
							护夫	时盰	若恚			
									若葱			
									若镠			
								时盺				
					保义郎公倚							
					保义郎公傅	彦遷	抡夫	时嵩				
								时嶬				
						彦蘧	臻夫	时锐	若宪			

				时樸												
时応	时鑢		时釿	时钊			时玑	时班	时璐							
		珹夫	瓓夫				条夫			价夫	俺夫	侯夫				
						彦逾	彦连									
						公昉										三班奉
					秉义郎	宁之										保义郎
													东平侯	叔夜	静江军	承信侯

叔刘	元之	职公愿赠武略大夫公慧	彦沺		
			彦潆		
			彦溥	僩夫	
				使夫	
				偃夫	
				倍夫	
				偟夫	时瞧
					时睽
				倴夫	
				偩夫	时枥
			彦治	璊夫	
			彦淒	长男幼亡	
				居夫	

					若通	若逡										
时柠				时櫁	时楸											
琦夫	依夫	瑑夫	璜夫	玏夫												
彦滋	彦淄	彦泮		彦渝			彦洄							彦琏		彦杭
								秉义郎	公腊	忠翊郎	公俊			公寿	训武郎	公倧
												敏之	秉义郎	宝之	武翼郎	叩之

		北海侯克绚	华阴侯督蕃	忠翊郎禾之								
				右监门卫大将军、忠、州刺史珽之								
				右侍禁坦之	成忠郎公彦	彦忞	长二男幼亡					
							说夫	时胜	若质			
									若镔			
								时腾				
							谆夫	时顾				
								时硕				
								时颂	若瑾			
								时灏	若链			

若家	若溒
若桴	若樬
时贳	时要
时澅	时栗
时篴	
愤夫	倨夫
佑夫	伦夫
彦翔	彦京
秉义郎	承事郎公立
秉义郎	
右千牛卫将军	历阳侯叔鱼

叔脆	道之	公谊	彦纯	琳夫	时庸		
					时洊	若榆	
						若榅	
					时贵		
				琛夫	时藁	若槅	嗣昭
							嗣暖
						若桧	
						若栋	嗣守
							嗣宥
				瑕夫			
			彦仁	瑱夫	时需	若澳	
						若澜	
						若溁	
					时与		
					时革		
					时值		
					时孚		

					甡夫	彦俶	
						彦倚	中散大夫公湜
				时敉			
				时荚			
				时耙			
				时耕	琁夫		
					瑶夫		
				时莱			
				时逷	瑨夫		
				时蕃	瑁夫		
				时阜			
				时巩			
		嗣镡	若滗	时翠			
				时衎			
				时謩	琏夫		
			若泌	时翚			

							傂夫	时隽	若瑙			
								时昱	若玩			
							玕夫					
							䀠夫					
							倮夫					
							[illegible]夫					
							冀夫	时常				
								时潮				
				赠右朝请大夫遂之	左朝请大夫公谨	彦僎	商夫	时和	若兰	嗣通		
									若琼	嗣宽		
							彧夫	时省				
								时衷				
						彦伊	端夫					
							瑀夫					

			嗣泞								
	若谱	若萧	若怡								
	时眺		时杰	时芮	时雷	时充		时广	时庠	时蔼	
竦夫	竢夫			翊夫		棨夫	澈夫	熞夫		豉夫	
				彦傅							
											太子右内率府副率叔鼐 太子右内率府

	副率叔酸							
	广平侯叔羁	赠武经郎荣之	公济					
			修武郎公泽	彦岘	玘夫	时滮	若枝	
						时瀌	若𬣙	
					珦夫	时圉		
				彦岦	[illegible]夫	时邅	若櫰	嗣傜
						时籧		
				彦岜				
			公淳					
			公湜					
		兴之						
		荣之						
		莹之						
惠国公	高密郡	南阳侯	保义郎					

克孝	公叔老	诚之	公信			
			修武郎公辅	彦正		
				彦仍	岳夫	时璪
						时瓛
					其夫	时申
				彦仁		
			右班殿直公与			
			承节郎公弼	彦仢		
			修武郎公明			
			承节郎公缉			
			赠正奉大夫公			

称	彦慥					
	彦间	允夫	时得	若琲	嗣靖	
			时伷	若璲	嗣宴	
				若珇		
				若珋		
		亮夫	时侃	若琒	嗣永	
					嗣方	次曾
						次昂
						次升
					嗣亢	次旦
				若瓛	嗣立	
			时僁	若琭	嗣庚	
				若瓗	嗣镛	
					嗣鐩	
					嗣镲	
				若混		
			时借	若壅		

	嗣亦	嗣京	嗣昱	嗣卞	嗣交	嗣官	嗣充	嗣亨	嗣高	嗣晷	嗣昌						
若理		若玧	若璐						若珵		若珮	若𤩎	若璆	若璽	若鋈	若瀅	
时伉											时俊		时偶				
晃夫																	

			晛夫		
	若御	时份	晱夫		
		时傎	陈夫	彦惇	公朋
					训武郎
				彦伦	
	若琢	时僖	芹夫		
	若琠				
	出继				
	若珄				
嗣奇	若珥	时儁	莌夫	彦伦	
				彦愔	
	若□	时□			
	若铳				
	若锳	时俿			
	若珇	时俊	光夫		
	若璆				
	若瑊				

								若瀿	若漻	若熺				
	时倪	时得	时讵	时沅		时稹	时樸	时棣		时瑧	时欀			
照夫	晓夫		暲夫			干夫		洮夫		汜夫	璐夫			
			彦愲		彦怿	彦恻		彦忻		彦忤		彦憯	彦恮	彦[illegible]
					秉义郎公纯					武经郎公进				

			彦恪	
			彦颐	
				成忠郎
若理	时傔	用夫	彦恺	公器
若璂				
若玲				
若琭				
若玶	时儴			
若琱				
若玾				
	时伊			
	时湜			
	时洛			
若璬	时訧			
若瓊				
	时讖			
	时歆	倚夫		

若玤	若埊				若璊	若珽	若𫓧	若铜	若镬	若僔	若事	若泒	若洽	若滯		
时颉	时谿	时䕶	时韶	时钫	时溪			时𡒄		时洽		时镄			时鍯	时錪
				休夫												

						彦文		
						彦翼	左宣义郎公孙	
							公权	东头供奉官通之
						彦悦		
			若涯	时佈	元夫			
				时熵				
				时爄	涵夫	彦憓		
				时物	通夫			
					达夫			
						彦恢		
						彦悌		
				时鉁				
				时铧				
				时錍				

	彦衮	僠夫	时珹	若洴	
成忠郎公绰	彦翼	廖夫	时琉	若浩	
				若汾	嗣儒
				若濯	
				若澧	嗣淇
					嗣涣
				若沔	
				若淤	
				若瀐	
公欲					
赠银青光禄大夫公言	彦操	南夫			
		献夫			
		贯夫	时迪		
			时迥		

				时辻	若钌
			赓夫	时逌	
				时迣	
				时⿺辶豈	
				时逋	若镊
					若錤
					若镇
				时逴	
			贺夫		
			赞夫	时衙	
		彦揀	廙夫	时琛	
				时琭	若㛹
					若娕
				时⿰王包	
			⿸广膂夫	时理	
		彦揆			
忠训郎	保义郎				

心之	公亯	彦强	昱夫	时溎	若湋
				时瑯	若𬇙
			莅夫	时炘	
		彦端			
		彦久			
赠承议郎存之	奉议郎公涣	彦捅			
		彦驹			
		彦骧			
	公浚				
秉义郎望之	从义郎公谈	彦彶			
		彦悃			
		彦垌	梲夫		
			蓁夫		
	公训				
	公谐				

	公诏				
	公谅				
	公说				
	公议				
保义郎统之	从义郎公輴	彦衡			
		彦堂	强夫	时琗	
			勣夫	时玟	
				时璼	
			彝夫		
			耘夫		
		彦宾	馀夫	时衠	若稛
			劲夫	时滵	
		彦壅	吟夫		
		彦緻			
三班奉职补之					

	左侍禁护之						
建安侯叔滕	左屯卫大将军早之	保义郎公定					
		秉义郎公管					
		承节郎公琬	彦术	道夫	时潜		
					时洋	若淀	嗣演
							嗣洇
		承节郎公瑑					
	武经郎和之	承信郎公[illegible]	彦患				
		公撎	彦悠				
			彦怘	峃夫	时琉		
				岦夫			

公瑑

三班奉职信之

修武郎公端

秉义郎居之

彦昌

彦昚　闰夫　时纡

次男亡

时绋

时缌

时綡

彦璀　闿夫　时徐　若桯

时彴

阈夫　时衲

闾夫

承信郎公正

修武郎

赫之	公逸	彦儆	悛夫		
			愤夫		
		彦仙	忆夫		
			穆夫		
			怡夫	时迂	
				时沵	
				时沃	
				时灉	
				时敓	
				时洌	若槚
			惔夫	时逌	若栩
					若枅
					若樛
				时遷	
				时泂	若鼔
				时沅	
				时漳	

				若杯			时澌	憯夫
							时溱	惜夫
							时枉	
				若枇				
				若楒			时瀹	
							时淙	愖夫
								忖夫
							时锲	
							时钲	愷夫
							时凉	
				若枇				
				若㮣			时汎	
							时滚	
							时利	怿夫
							时浮	
							时漯	
							时溥	

冯翊郎叔主	右侍禁爱之	从事郎公说	彦辉			
	宝之					
		公逵				
		公遈	彦仁	悟夫		
			彦倾			
				愤夫		
				[忄犀]夫		
				惜夫		
					时淀	
					时洋	
					时[氵業]	若欐
						若櫂
					时洧	若枋
						若[木蔺]
						若樋
				悃夫	时渼	若樸

若琭

时熵 时灯 时澗

揰夫 椮夫 惩夫

彦曜 彦博 彦悯 彦途

从政郎公觌 公鼎 秉义郎 公鼐

三班奉职养之 忠翊郎护之 成忠郎普之 从义郎仰之 益之 忠翊郎健之

开国公 叔絎

				若演	若满		若洳	若淎	若涆	若⿰氵寓	若⿰王甫			若淄		
					时玑	时迬	时镤		时铁	时侧	时遏	时宴	时珹	时瑀	时玠	时刚
			泽夫			乂夫			灿夫			习夫				
彦英	彦评	彦诚														

					保义郎
				公庠	盈之
				保义郎	
			彦道	公轸	
			彦通		
			彦选		
		萺夫	彦昭		
		苗夫			
若柟	时球	傅夫			
若檞					
	时鍨	佩夫			
	时钐	保夫			
			彦辅		
		傛夫	彦池		
若琩	时湜	僭夫			
若玗					
	时谱				

												若淋	若蕙			
时槱										时锥	时钥	时鈶	时钟			时镇
傯夫		傢夫	僮夫	裓夫	奢夫	傆夫							栎夫		隐夫	
	彦易					彦横	彦汉	彦博	彦达				彦熛	彦时		

		仏夫		
		倢夫		
	彦突			
	彦客			
赠秉义郎公亶	彦密	俱夫	时遻	若稹
			时還	
			时遽	
		[illegible]夫		
	彦威	行夫	时延	若诗
			时遆	若迁
			时途	
			时游	
			时遭	
		俿夫		
		禟夫	时達	
			时遂	

时晄		时昵	时迳		时逄	时迓	时遝	时[illegible]	时[illegible]	时边		时建	时透	时颢	时暖	时瞻
徊夫	沼夫		遈夫	煌夫		仇夫	缘夫			营夫	备夫	优夫	偆夫	伔夫		儡夫
				彦客		彦察					彦室	彦寔				
				公宇	忠翊郎											

时晔			时越	时軏		时宁	时穹	时窦	时空				
	导夫	企夫	伺夫		鄮夫	莱夫							
	彦突					彦翔							
										保义郎烆之	三班奉职任之	三班奉职喜之	武翼郎
											建安郡公叔祂		

谄夫		漱夫								
彦宁	彦居	彦空		彦宕						彦桄
公宓			公富	公安		承信郎公温	承信郎公濩	公演	公灏	赠武节郎公潭
宁之					秉义郎定之	武功大夫、果州团练使康之				
						大安侯叔靖				

赠左屯卫大将军叔升	三班奉职将之	公浚	彦郁	错夫
			彦楙	茁夫
				遂夫
			彦婪	渑夫
	延之			
敦武郎叔聂				
右侍禁叔侁				
修武郎叔旂				
武翼郎叔旍				

赠右屯卫大将军克肖	河内侯叔慈	左班殿直得之					
		左班殿直待之					
	太子右内率府副率叔曦						
祈国公克颐	右监门率府率叔僧						
	和国公叔象	赠武功大夫且之	训武郎公桥	彦騋	宪夫	时楚	若琰
						时棣	若玖
							若瓘

			时朴	若琡	嗣漘
					嗣溇
				若[王斗]	
				若瑥	
			时柲	若[王畐]	
				若琤	
			时椲	若珄	
				若琲	
				若[王殳]	
		宁夫	时概		
			时枅	若珽	
	彦骃	诂夫			
		溇夫	时株		
		宸夫	时浙		
		诮夫			
		𬣙夫			
训武郎					

					公溰	彦傁	颟夫					
						彦倧	预夫	时䡜				
								时𫐐				
							溥夫	时棂				
						彦听	桥夫	时檑				
							洿夫	时料				
								时枱				
							疐夫	时骃				
							郡夫	时蕬				
					公亜							
					武德郎公璊	彦育	铭夫	时湟				
							摎夫	时欞		嗣申		
									若琛	嗣宗		
										嗣寀		
									若遟			
								时刁	若㴰			

				嵓夫			
			彦荀	敦夫	时杰	若海	嗣贵
					时英	若韩	嗣俊
							嗣芳
						若夔	
						若奭	嗣甲
			彦辨				
	武忠郎升之						
益州侯叔匏	赠从义郎广之	武经郎公寔	彦俄	戒夫			
			彦侮	成夫			
				戬夫			
西头供奉官叔勔	左承直郎崇之	公赋	彦文				
	明之						
	护之						

			修武郎崟之	公汃					
				公珣	彦根	俅夫	时沽	若洪	
						德夫	时修	若梅	嗣蕊
								若傅	
								若稷	
						醇夫	时佐		
							时倡	若涫	
								若滈	
								若潢	
					彦采				
					彦楷				
			秉义郎崑之						
武当侯承寿	饶阳侯克巳	会稽郡公叔韶	房国公检之	右千牛卫将军公路					

清源侯公邵	彦鲁	尧夫	时谌	
	彦仍			
	彦辨			
右监门卫大将军、领荣州刺史公悚	彦玉			
	彦傅			
	彦向			
	彦尹			
华阴侯公缅	彦圣			
	彦荀			
	彦才	会夫	时富	若谦
				若谋

	若谟	时密		
		时宋		
嗣荃	若凭	时造		
嗣英				
嗣葥	若忞			
嗣茂	若忠			
	若僡			
	若节			彦汲
	若贤			
	若壎			
嗣瀑	若仪	时臻	端夫	
嗣溢				
	若潜			
	若济			
	若[illegible]			
	若濛			
	若楫	时育		

					嗣吉		嗣廧	嗣扃	嗣廉				嗣嚞	嗣厚	嗣昌	
					若僖	若砺			若伊	若渊	若筠	若松	若刚		若颜	若冲
					时豪	时鼎							时安		时辅	时丰
		薇夫	濒夫	岩夫												
彦概	彦采		彦楷													

太子右内率府副率公谋	
武经大夫公彦	彦况
	彦愈
	彦庄
	彦烈
	彦博
右班殿直公佑	
训武郎公明	彦蒱
忠训郎公鉴	彦云
	彦扬

南阳侯深之	修武郎公彻	彦一	秀夫				
	右监门率府率公禹						
	西头供奉官公著	彦孟	正夫	时顺	若古	嗣贤	次定
					若回	嗣佺	
						嗣伸	
						嗣榆	
				时明	若琏		
					若铎	嗣源	次山
						嗣榛	
						嗣揆	
						嗣榆	次向
					若钦		

									若镇			
									若宪	嗣仪		
										嗣俘		
							忱夫	时宠	若鉷	嗣樱		
										嗣梋		
										嗣其		
										嗣侁		
							礽夫	时琏				
								时勤				
			右监门卫大将军叔旷	太子右内率府副率化之								
				平阳侯膔之	训武郎公诲	彦世						
						彦声						
						彦古	评夫					

		诚夫	时言		
			时相		
		诚夫	时备		
			时夷		
			时储		
		讥夫			
		志夫	时键		
右侍禁公弼	彦言				
右班殿直公翌	彦庄				
	彦禄	揄夫	时惇		
			时恬	若津	
				若珇	嗣岩
					嗣崟
			时熹	若[illegible]	嗣瑾
				若崧	

									若彬	嗣玥		
									若崟			
								时宪				
				赠右屯卫大将军命之								
			东平郡公叔裒	淮阳侯致之	内殿崇班公元							
					公冕							
					训武郎公兖	彦持						
					从事郎公觉	彦细						
						彦玘						
						彦维						
						彦经						
					秉义郎							

公兑					
赠通直					
郎公兑	彦咸				
	彦成	迥夫	时懋		
			时沛	若懦	
				若怀	嗣栓
					嗣璄
					嗣瑃
		迈夫	时应	若周	嗣璐
				若用	嗣□
					嗣□
				若闵	
			时悊		
			时忞	若宣	嗣鏴
				若宁	嗣晛
		逵夫	时庆	若朴	
				若栱	

						嗣璥		嗣濆	嗣珙						
			若山	若镗	若钘	若镲	若铪		若铎	若锜	若玤	若潢	若机	若权	若槅
时保	时纯		时囦							时佳	时葸	时意			
	廉夫	敭夫	馟夫							逵夫					
	彦骏		彦威												
	从事郎公宽														

赠左中大夫肃之	赠金紫光禄大夫公岘	彦勋	逌夫	时佟	若湰
		彦勳	翮夫	时涤	
		彦勤	戒夫	时尹	
				时琼	
				时循	
				时征	
			葳夫		
			戬夫	时僭	
				时徽	
			軄夫		
		彦励	岐夫	时梗	
			峨夫	时[illegible]	若[illegible]
	公靓				
	忠训郎公规	彦励	灌夫	时[illegible]	若僚

							若沶	嗣玑
							若澺	
							若畉	
							若[illegible]	
							若[illegible]	
							若珂	
						时精	若珑	
					评夫			
					洴夫	时皆		
						时[illegible]	若锇	
						时[illegible]		
						时讥		
景陵侯克基	华阴侯叔材	武卫大将军、横州刺史共之	修武郎公爽	彦遹				
				彦还				

	端夫	竭夫	倚夫	奇夫	[illegible]	平夫	能夫									
彦道	彦远					彦达		彦进				彦升	彦道	彦颜	彦韡	
									秉义郎	公□	修武郎	公奕				承信郎
											景城侯	烛之				

					公宰							
					朝奉大夫公宏							
				汉东郡公两之	赠宣奉大夫公爽	彦千	諟夫	时遂	若春	嗣裕		
										嗣褕		
									若智	嗣钞		
										嗣铿		
									若晳			
									若容			
									若著			
							谡夫	时达				
								时迹				
							蒙夫	时逸	若昺			
									若矑			
									若胄			

		嗣锖	嗣镨	嗣铁					嗣钒							
若映	若栻	若瑜	若璞	若琥	若玱			若窠	若瑍	若玣	若璊	若珓	若璅			
时迴	时逢	时述			时适	时遹	时绨	时繇	时迵	时逯		时遥		时亢	时亶	时達
	奕夫				赞夫				赟夫					蒉夫	资夫	
	彦博															

	嗣侊															
若抦	若梠	若淀	若沁	若寀	若秱	若穆	若禾	若概								
	时守		时速	时能		时傣		时僮	时偾	时瑚			时邀	时茁	时荐	时萱
			沔夫					域夫		燧夫	横夫	溪夫	贾夫			
			彦车									彦鉴				

		灏夫			
	彦里	震夫			
		宾夫	时迎	若班	嗣凉
				若琫	嗣滏
				若忞	
				若志	
				若薰	
			时遗		
		朋夫	时邃		
		邦夫	时運	若亚	
				若垧	
		炎夫			
		盥夫	时梓	若坛	
			时栛		
			时柳		
三班奉职公吝					

					赠武义大夫公燮	彦塼						
						彦本	固夫					
							博夫					
						彦协	赍夫	时御				
						彦庸	荣夫					
							柯夫					
							枘夫					
				太子右内率府副率尽之								
				武显大夫宜之	成忠郎公立	彦孟						
					保义郎公衮	彦近	尹夫	时健	若珩	嗣逸		

										嗣遇		
									若珚			
									若瑥			
								时优	若[illegible]			
									若瑨			
								时椿	若瑀			
						彦迪						
						彦逊						
			太子右内率府副率叔华									
			太子右内率府副率叔莹									
			右监门									

			率府率叔亶									
			高密郡公叔眀	太子右内率府副率彧之								
				赠武翼大夫存之	赠训武郎公仪	彦明						
						彦晃	栉夫	时玗	若栗			
									若滌			
									若馆			
								时珊				
								时玱				
							桐夫					
						彦晖	桷夫	时瑜	若辁	嗣章		
									若轲			

若辑	若镩	若鉼				若鉊		若[illegible]	若鉁	若録	若钬		若镂		若[illegible]	若铺
	时璮	时[illegible]	时珇	时璄	时珛	时珗	时瑈			时琱	时璆	时[illegible]	时[illegible]	时瑕	时[illegible]	
	檖夫						楹夫							桂夫		
														彦曦		

								时瑅				
								时瑀				
								时玵				
							梃夫	时瑓				
								时琜				
								时玧				
								时琈				
								时瑠				
								时玲				
								时珀				
							杓夫					
							枃夫					
					赠奉直大夫公杰	彦早	棣夫	时嘻				
								时现	若镨			
									若铻			

公传	彦锐	㤮夫		
武翼郎				
	彦星	樯夫	时逍	
				若搏
				若玺
				若琥
		樵夫	时虢	若锟
		楫夫		
		林夫		
			时瑮	
			时盈	
			时鼐	
				若鍂
				若纶
		椿夫	时乃	若缉
				若鍒
				若镳

													若倸			
时忕	时應	时恚	时德										时澥			
萱夫		芸夫		宓夫	窬夫								丙夫			
彦达				彦逵		彦讧							彦规			
							承信郎	公倚		三班奉	职公辨	成忠郎	公谔	承信郎	公彦	从事郎
										文安侯	议之					
									赠怀州	防御使	叔侯					

	公誉					
三班奉职咏之						
左侍禁翊之	承节郎公庶	彦深	其夫	时倖	若璥	
				时倢	若钷	嗣溉
				时彬	若耿	嗣浛
		彦湑				
	承节郎公度					
武节大夫觉之	承节郎公仪					
	赠武翼郎公谅	彦睦	褒夫			
		彦辙	厚夫	时倖		
				时倠		
			庠夫	时绮		

								若燮								
时绘	时绣	时蔗			时诗			时塈	时栟	时林						
		度夫	麾夫	靡夫		测夫	接夫	湢夫				漨夫	湝夫			
						彦鸿					彦锐	彦辋				
														公愿	公明	
																朝请郎

诱之	公俊	彦迈	琟夫	时墁
	公佾	彦翱		
		彦翮	烽夫	时堅
				时坐
			燵夫	时壖
				时塎
		彦翔		
		彦翿	质夫	
		彦耕		
	公侗			
	公侻			
	公价	彦绎	瓌夫	时廣
			瑟夫	
			翔夫	
		彦缜	僎夫	时铢
				时锲
			翚夫	时涵

						彦缄	觋夫					
							渤夫	时锄				
				成忠郎保之								
				演之								
				赠左朝议大夫、直秘阁训之	右文林郎公瀹	彦贡	嵰夫	时晎				
						彦勺	烧夫	时坠				
					公涣	彦栯	炬夫	时塾				
							焊夫	时𡐓				
								时菙				
						彦桐	爟夫					
						彦权	烶夫	时𡊿				
								时埤				
								时堛				

								时墳	
								时𡋯	
				彦楠		炧夫			
						烒夫		时垒	
		公济		彦檝		熵夫			
						炼夫			
						炥夫		时埙	
						熣夫			
		从义郎公海							
保义郎洪之									
保义郎立之		成忠郎公愈		彦暘		週夫		时锦	
								时钯	
								时销	
						暇夫		时铁	若煝

						若灏										
时钍	时镨	时晢	时[钅冓]			时[钅侯]	时摽	时钑	时[钅虒]						时遡	时蓮
	[讠茇]夫			祈夫	崟夫	视夫	篑夫							逨夫	[宀多]夫	
														彦汝		
										公国		公征	承信郎	公计		
											保义郎	舜之				

时迩		时铼	时镧	时鍑	时铜	时镳	时鏍	时铟								
	沔夫	温夫				纠夫			荥夫	琄夫	沼夫					
	彦彼										彦谌				彦琮	彦湜
														武翼郎	公畟	
												彭城侯	抚之	洋国公	百之	
												尹国公	叔充			
												冯翊侯	克修			

		彦甹	扉夫	时矿	
				时棫	若坰
			历夫	时溜	若壎
					若墱
				时瀑	
				时濬	
	节武侯公戬	彦泽	延夫	时楮	若雷
			惠夫		
			滋夫		
		彦穌	灼夫	时珥	若原
					若愿
安康侯临之	赠武德公杰	彦歔	瀹夫		
			织夫	时跻	
				时容	
			绀夫	时偪	若椽

赠武显郎公济	彦武	达夫	时宾		
	彦实				
	彦颜				
		洄夫	时遷		
			时植	若珀	
				若磏	
				若硊	
			时范	若瑁	
			时煜	若槢	嗣㷆
	彦哲	浏夫	时穋		
			时湛		
			时湜		
			时佑	若櫟	
			时忻		
		𬘬夫	时俟		
			时偶		

												嗣惠				
若瑧				若熿								若玝	若璯			
时振	时檃	时粢	时恭	时橐	时楘	时菜	时臬	时壄	时圭	时峷	时亨	时聪		时栲	时棆	时桦
								爕夫			高夫					
彦成											彦颎					

	若庸	若微		若湄	若瀹		若棃	若桁								
时杓	时秉	时望	时机	时审			时灞	时沩	时铉	时湟						
	鹏夫					冀夫	璥夫		志夫	忭夫	愿夫	栵夫				
							彦夃	彦洺	彦沼							
													太子右内率府副率旬之			

若濊	时德	文夫	彦涣		
			彦渊		
			彦汲	朝请大夫公迈	
			彦达		
			彦通	保义郎公建	
				公适	赠中散大夫持之
				公弼	
				右班殿直公辅	右侍禁辟之
				公举	右侍禁祐之
					三班奉职延之

	蕙夫	时况	
		时铗	若濾
		时铱	若褒
		时镉	若流
	憨夫	时侈	若墉
		时榴	
			若爝
			若晧
	忍夫	时檽	若晌
		时钋	
			若衷
		时玤	若衮
		时玐	
彦宓	恭夫	时瑷	
		时蕙	
		时悬	
			若溓

若稆						若凉	若涓	若溪	若洇							
时沪	时淘	时涞	时污		时桦	时睐		时暥		时町	时暶	时畊	时饬	时肋	时勣	时勒
				塾夫	墼夫	埜夫							廑夫			
				彦向									彦寓			

忠翊郎公迪	彦莒	郿夫	时仕	
	彦坚			
秉义郎公远	彦虡	永夫	时灼	若椮
				若榭
		言夫	时爊	
			时焥	
	彦灏			
	彦垕	茉夫	时雯	若枂
			时云	
			时霙	若穡
	彦湘	坑夫		
		锡夫	时虎	若樫
			时彪	
	彦涍			
	彦恷	琹夫	时砰	
公逊				

若碟	时砺	琏夫			
若坊					
若埰	时碛				
若坎					
若捐	时碏				
若塔					
			彦津		
				忠训郎	武节郎
		真夫	彦昭	公份	载之
	时澄	彝夫			
若靁	时泳				
	时涣				
若霱	时澈				
	时澧				
若霓	时涓				
	时洤				
		濯夫	彦旼		

	彦晈		
	彦暐	涵夫	
		迪夫	时寀
秉义郎公傅	彦国		
	彦頣	肃夫	时玕
			时湏
	彦固		
	彦扬	顺夫	时翊
			时豉
	彦章		
	彦爽	溢夫	时玜
		淮夫	
		通夫	时瑚
		爰夫	
	彦亨		
	彦褒	钛夫	时瓇

					赠宣义郎公伦	彦齐	拜夫	时釛				
								时勬				
							玒夫					
							孖夫					
						彦交	鲤夫	时銮				
								时鐱				
								时鉴				
				秉义郎飏之	右承事郎公悦	彦范	逄夫					
							佚夫	时譆				
								时䛐	若滮			
									若洔			
									若汛			
								时𫍟	若汻			
									若汶			
						彦簵	序夫	时㤩				

			庀夫	时憲	
				时悆	
赠朝请	训武郎				
郎縻之	公悫	彦仜	珽夫		
			玩夫	时暶	
			铋夫		
			钯夫	时瀛	
				时流	
				时滑	
				时洮	
				时渝	
		彦偈	璇夫	时洁	若鹗
					若鹊
				时涂	若麒
					若骖
					若鹿
					若丽

				若鞶	
			时泠		
		鋂夫			
赠朝请大夫公愈	彦侃	容夫	时衡	若淑	嗣禄
					嗣複
				若濔	嗣礼
					嗣褍
					嗣禃
		英夫	时忞	若澻	
				若濯	
				若汰	
				若漯	
				若溫	
		耆夫	时绂	若湍	
			时组		

		若滏	若榑	若柊	若棋	若榎	若樢	若淜	若边	若浣						若竣
时遽	时遴	时錖			时瑬		时坚	时瑅		时珽		时珲	时瑒	时瑁		时绪
珷夫										重夫	詥夫			秦夫	执夫	

彦偁	诊夫	时苹	若液	嗣赟					
			若积	嗣晖					
		时莲							
彦倕	蜕夫								
	俫夫								
	佼夫	时墅							
		时鏊							
	俾夫								
	倰夫								
	僳夫								
	俉夫								
	儢夫								
	傣夫								
彦偃	钘夫								
	鐇夫	时珮							
		时壐							
		时琲							

若椆	时宷	愓夫	彦醇	公悊
				成忠郎
			彦僎	
			彦倬	
	时𬘘	瑠夫	彦倍	
		玻夫		
		玳夫		
		珅夫		
		玠夫	彦俔	
		轶夫		
		辁夫		
		轸夫		
		轺夫		
		轮夫		
		辕夫		
	时治			

若凯 若皐 若[木朩刂] 若[石秦] 若槮

时娀 时涪 时湍 时泿 时选 时遽 时逮

益夫 愇夫 恻夫 愐夫

彦侩

左班殿 公显 公璋

景城侯 忠翊郎显之 三班借职穆之

嘉国公

叔于	叻之	直公侃					
		公伟					
		公佐					
		公仪					
	直之						
	赠修武	武翼郎					
	郎劼之	公顺	彦隈	鄙夫			
				受夫			
		公秉					
		忠训郎					
		公义	彦辅	信夫	时京	若源	嗣棣
							嗣梓
							嗣桂
				佚夫	时卞	若浚	嗣橞
					时衮	若湘	
						若澜	
					时袤	若溱	

彦轼	傅夫	时亦	若霁	
	杰夫			
	价夫			
	伟夫			
	伸夫	时裹		
		时辜	若涓	嗣檠
	伉夫	时膏	若灊	
		时燮	若澹	
			若濮	
			若得	
		时棐	若囦	
			若涺	
		时正		
		时莱		
	亿夫			
彦镛	份夫	时衮		
		时亹	若铩	

				时桀	
右班殿直劝之					
修武郎助之	公谨				
三班奉职勤之					
秉义郎励之					
左朝请大夫勣之	公鹰				
	公序				
	迪功郎公寯	彦臬	炽夫		
			苗夫		
				时逋	若铚

						若壐
				荥夫	时玑	若锞
			彦昀	㮚夫		
				棃夫	时熢	
					时炷	
					时烟	
				荣夫		
				榭夫		
				桸夫		
		公任				
		将仕郎公篙				
荣国公叔急	太子右内率府副率泳之					
	从义郎					

彦咨　彦晋　彦试

公恭　从义郎公迸　承节郎公謩　从义郎公玘　承信郎公瓌

进之　右侍禁益之　修武郎湘之　左班殿直说之　修武郎忞之

								嗣潽								
							若镲	若琣	若堢	若境	若璲	若琗		若镒	若緆	若缙
						时堋	时坊	时堵				时塖	时培	时壕	时垲	
						恢夫		悌夫						慨夫		
				彦回	彦迅	彦遂										
	公著	公雅	成忠郎	公莘												
武翼郎	谌之															

						彦逮						
						彦遈	烈夫	时埱	若崇			
								时坡				
								时埜				
								时垤				
								时竚				
							[忄角]夫	时堧				
							惺夫	时圳				
			容州观察使叔瑁	赠朝议大夫献之	武经郎公晋							
					承信郎公严	彦俻	绳夫					
							[纟态]夫					
				敦武郎述之	忠训郎公健	彦漪	蘅夫	时慄	若咨	嗣镔		

											嗣镆					嗣鏓
										若诰	若溙		若诒	若诮	若谏	若诚
时㥠	时忤	时恰	时偌					时恮	时懞		时抚	时豹				
侯夫			皓夫	皎夫								劳夫				
彦鉒				彦茂	彦宗	彦宥	彦安					彦遈				

			瞻夫	时愤	
			璠夫		
			瑎夫		
		彦容	颚夫	时悟	
		彦绮	熊夫	时悚	
			候夫		
	公玠				
	公信				
	公份				
右承议郎頔之	武翼郎公檝	彦揩	烝夫	时瀌	若浮
			谯夫		
		彦壎	庭夫		
			磨夫		
			廪夫	时湑	若辋
					若镕
				时汭	

								时沭				
								时濡				
							庶夫					
							历夫	时溋	若璀			
								时钺				
								时滓				
						彦壕	獲夫	时濄				
							蔴夫	时潽				
							荳夫					
							藎夫					
						彦坤	缘夫	时莅				
								时沨				
							馆夫	时滟				
							绛夫	时沐				
								时泐				
								时濈				
							镏夫					

							砡夫	时诀				
								时詾				
							礥夫	时谆				
							磷夫	时诤				
								时诔				
					公椿	彦彷						
						彦璞	辂夫					
						彦圤	锪夫					
							鑀夫					
							银夫					
		济阴郡公克淑	景国公叔夏	右骁卫大将军、忠州团练使好之	三班借职公衮							
					忠训郎公变	彦说						

	彦谟			
承议郎公高	彦琳			
	彦理			
	彦理			
保义郎公遨				
三班奉职公溉				
三班奉职公爽				
成忠郎公逵				
成忠郎公迈	彦回	刚夫	时胄	若概
				若倅
				若伴

若僴																
												时真		时璁		
	亚夫											忠夫		慧夫		
		彦伦	彦肃	彦韦	彦依	彦赍		彦广				彦肃	彦聿	彦赍		彦賸
							忠训郎	公敦	承信郎	公缪	武经郎	公章			承信郎	公述

叔	安乐郡公叔蛩
之	奉议郎教之　太子右内率府副率补之
公	公浩　公说　成忠郎公才　忠翊郎公畜
彦	彦依　彦伦　彦腆　彦膳　彦肵　彦服　彦脤
夫	逸夫

若浥					
若浣	时潆				
若渝	时濩				
	时人	资夫	彦侁	承节郎公璟	
				秉义郎公珝	
	时慧	圣夫	彦镛		
			彦俊		
			彦芾	训武郎公瑞	
				承事郎公珣	
				三班借职公傻	武德郎育之
				公涣	
				公槐	

						若沥
					时渫	
					时汏	
广平侯叔墀						
东阳侯叔嬬						
高密郡公叔据	武经郎应之	承节郎公恕	彦讽	吉夫	时彿	若浼
						若洌
				介夫		
				遵夫	时儋	若钧
						若锱
						若较
					时悔	
					时逢	若珊
						若[illegible]

			时迹	若瑚
		俊夫	时巡	若⿰王毛
			时逢	若瑛
				若玜
			时迁	若珠
				若琝
				若⿰王包
				若⿰王回
忠翊郎公宪	彦秀	遒夫	时微	
			时敉	
		近夫		
		韶夫	时敢	
		遽夫		
		逅夫	时畝	
右迪功郎公祐	彦伦			

		彦端		
		彦灵		
三班奉职睿之				
敦武郎悆之	忠翊郎公哲	彦磬		
	公彦			
	公旦			
右朝议大夫志之	将仕郎公价			
	保义郎公璠	彦振	耦夫	时绚
				时缯
		彦佐		
		彦伟		
		彦偾		

						彦仔						
					将仕郎 公昶	彦翊						
						彦僙	遡夫					
							远夫					
					公永							
				忠训郎 愿之	公璘	彦密	辽夫					
							迳夫					
							迆夫					
						彦定	迈夫					
							迕夫					
						彦安						
						彦宁						
					公璪	彦寔	薳夫	时葯				
								时蕙				
				厚之								

左班殿直叔亶

内殿承制叔枅 修职郎迪之

右班殿直叔禖

宋史卷二三五

表第二六

宗室世系二十一

广平郡王房

广平郡王、谥恭肃德隆	赠深州团使承训	仪国公克勤	东阳郡公叔昂	太子右监门率府率挺之								
				安康侯	太子右							

				羡之	内率府副率公尹							
					河内侯公剡	彦诜	致夫	时雍				
								时楙				
							潎夫	时伸				
								时俊				
								时价				
						彦许	杲夫	时飏	若功			
									若勋			
							教夫	时震				
								时奕	若谷			
							敏夫	时督				
								时𫍰	若孟			
									若曾			
							敌夫					

承信郎公炜			
			时选
			时凤
			时麟
			时睦
			时猷
秉义郎公焕	彦渊	王夫	时飞
三班奉职公绎			
右侍禁公炤			
三班奉职公绰			
		牧夫	时谨
		攸夫	

冯翊侯藏之
赠忻州团练使劳之

公炳
清原侯公铉
太子右内率府副率公绘
三班奉职公适
承节郎公泰
太子右内率府副率公槐
太子右内率府

	副率公琇				
	左侍禁公燮				
文安侯千之	修武郎公望	彦诚	挺夫	时誉	
				时绎	若珏
		彦孟			
	武翼郎公纯				
	承节郎公绍	彦堪	立夫	时谔	
		彦增	训夫		
			颛夫	时诩	
				时诜	
			志夫	时谞	若璟
					若瑑
					若瑀

			若充	若允											
		时受	时舍		时得	时万	时亿	时秭	时琎	时成	时陋				
		绛夫	总夫			纲夫					悖夫				
		彦文										彦行	彦忠		
	秉义郎公圭													保义郎公麟	承节郎
赠莱州团练使听之															

时怿	时罾	时登	时悳	时指	时怙											
凯夫																
彦裔						彦泰										
公焯							公羿		右班殿	直公素		右班殿	直公直		公彦	修武郎
								赠湖州	观察使	抗之	监门卫	大将军	政之	赠武节	郎用之	

	公永	彦悬	锷夫	
			鏻夫	
		彦晟	镒夫	时演
			铫夫	
			镗夫	
赠右金紫光禄大夫顺之	左朝议大夫公权	彦衡	规夫	时銄
				时钢
		彦衢	现夫	
			涣夫	
		彦衙		
	左朝请郎公灌	彦何	亚夫	
			相夫	时憨

						伀夫						
						倞夫						
						川夫	彦端	武翼郎公欢				
								右承议郎公驭				
						钜夫						
						铨夫						
						鉴夫						
						光夫						
						弼夫	彦埴					
							彦参					
						智夫						
						政夫						
					时亨							
					时定							
					时德							

		彦靖		
		彦竦	信夫	
	承信郎公翼			
赠从义郎贯之	忠训郎公恪	彦噩	掖夫	时谏
				时谕
			掀夫	时雍
			杋夫	时昌
		彦器	安夫	
			宽夫	时英
			宏夫	时亨
				时亮
			寅夫	
	承节郎公沸			

敞夫	弢夫	敩夫	敌夫	敉夫	敆夫
彦敏		彦政			
赠朝散大夫公恬	承信郎公辛	承信郎公意	承信郎公奇		
升之	成忠郎珣之				
右班殿直叔载					

成忠郎

建安侯

太子右内率府副率倚之

彭城郡公叔恺

太子右内率府副率叔琎

太子右内率府副率叔齐

太子右内率府副率叔辛

		澄之	公谨	彦俊	
				彦强	润夫
		三班奉职元之			
		右班殿直润之			
		左侍禁道之			
		三班借职湛之			
	太子右内率府副率叔旃				
济南侯克俭	赠右监门卫大将军叔	修武郎			

			琎	诚之									
				武经郎辩之	保义郎公晦								
					赠奉直大夫公彦	彦肃	似夫						
							任夫						
							佳夫						
							僴夫						
							僪夫						
						彦椹	值夫						
							岳夫						
							化夫						
						彦禔	秬夫						
							赍夫						
						彦由							
						彦荣							

承信郎公诚			
修武郎公镆	彦娬		
赠武翼郎公质	彦端	忻夫	时璋
			时锡
		卿夫	
		易夫	
	彦蒴	颢夫	
		禧夫	
		祐夫	
		褕夫	
	彦睐		
	彦[illegible]	沖夫	
		[illegible]夫	
	彦澄		

		彦侁							
成忠郎公璧	忠翊郎公弼	从义郎公显	保义郎公玺	承信郎公训	公诜	公谓	公佐		
				秉义郎涣之				东平侯仰之	赠右屯卫大将
								彭城侯叔薄	

军应之 文安侯 句之	左班殿 直公著	彦颜	傣夫	时迁	若训
				时通	
				时夏	
				时丕	
				时贡	
				时逑	
				时逖	
				时遵	
				时迈	
			俣夫	时万	若谡
				时二	
				时平	
			明夫	时巨	
				时沾	
			敏夫		

赠武节郎公岳	彦愈	质夫	时举	
		賝夫	时许	若罍
			时诲	
			时说	
			时宁	
			时隆	
			时政	若安
				若庆
				若定
			时臣	
		贲夫	时恭	若先
			时钧	
			时阶	
	彦贤	资夫		
		膺夫	时荐	
			时肃	若磐

左侍禁克秠

右领军卫将军、赐彭城侯克孚

右千牛卫将军叔启

武翼郎成之

公誉

公耻

承信郎公定

承信郎公宁

彦忠

璜夫

贡夫

时用

进士及第叔歆

右卫率府率叔猗

高密郡公叔建

武卫大将军、莱州防御使捐之

千牛卫将军田之

武德郎履之

左班殿直公允

右班殿直公辟

公阐

三班借职公式

承信郎公绛

忠翊郎公绎			
秉义郎公绛	彦麒	仁夫	
		仍夫	
		信夫	
		伋夫	
	彦丽	琄夫	时佇
			时份
			时佺
	彦麗	瑢夫	
		瑜夫	
		琏夫	
		珹夫	
	彦鏖	俨夫	
承信郎公缵			

武德郎祐之	三班借职公代			
	承信郎公绰	彦昭	富夫	时谠
				时识
			审夫	
			客夫	
			宫夫	
			寔夫	
秉义郎昺之	赠武经郎公逺	彦嚞	倜夫	时琮
			仕夫	时抑
				时措
			儒夫	
		彦磊	佪夫	
			侲夫	
			傚夫	

				倬夫			
				伾夫			
				伉夫			
			彦垚	禹夫			
				断夫			
				蹇夫			
临安侯叔肸							
博平侯叔乐	秉义郎辅之						
	赠武节郎翼之	承节郎公升	彦给	轨夫			
				辎夫			
				轫夫			
		承节郎公晏	彦僚	念夫	时施		
					时辩	若祉	嗣诗

				意夫
		公亳		
		公晨		
		公昂		
	右班殿直直之			
	右班殿直得之			
广平侯叔曹	东头供奉官器之			
	修武郎涛之	承信郎公寿		
		忠翊郎公庆	彦玩	
			彦辑	
			彦珽	

			彦化			
			彦柬	瓚夫	时辂	
		公诉				
	保义郎盈之					
	永之					
	成忠郎从之	承信郎公沂				
	从义郎道之	公隽				
	忠翊郎和之	公沂	彦儒			
			彦斌			
河内侯叔遂	左侍禁明之					
	经武郎齐之	公设	彦遵	湝夫	时栋	若湨

		浚夫			
		浃夫	时润	若岱	
				若岦	
				若嵘	
				若岩	
				若岊	
公谌	彦贯	芑夫	时霖	若钫	嗣宾
				若镰	嗣旁
			时雷	若珌	
				若秩	嗣仟
			时震	若琫	
			时䨦	若枇	
				若柞	
	彦瓒				
公谓	彦泰	庇夫	时傪	若楈	
				若析	嗣链
					若祉

		嗣侇	若榕	时维
		嗣伣		
		嗣侑		
		嗣𫢸		
		嗣仿	若柄	
		嗣倠	若琏	
			若栉	
		嗣铒	若櫶	
		嗣宁	若苋	
		嗣宝		
	次宏	嗣安		
	次寔	嗣定		
	次欢	嗣佳	若雄	
		嗣宝		
		嗣信		
		嗣伥		
		嗣达	若遂	

										嗣遵		
								时愿	若浙			
								时致	若瀛	嗣萁		
									若沸			
						彦春						
					公许							
					公谞	彦昭	逞夫	时偹	若淮			
							竑夫	时赐				
					公谘							
					公䜣	彦博	珍夫					
						彦浮	臺夫					
							霖夫					
			奉化侯	秉义郎	保义郎							
			叔刍	说之	公奤	彦泺	颜夫					
							颢夫					
						彦湜	𫖮夫	时敳	若嵲			
									若𡾡			

			时敀	
	彦济	颁夫		
		顾夫	时镊	若嵘
				若仔
		颉夫	时悳	
			时悪	若栎
			时忞	
			时愬	
承节郎公祐	彦沂			
承节郎公侑	彦洄	繳夫	时昪	若朷
				若楅
			时昺	
		罨夫		
		介夫		
	彦渊			

	时暐	硕夫	彦褓	
	时瞰	芮夫		
若桦	时睱			
若䐜	时昳	鄹夫		
若裀				
若䘱				
若褿				
若䘑	时曮			
若袊				
若褆	时暖			
若栔	时晐	越夫	彦宸	
	时𬀩			
		盅夫		
	时景	快夫		
	时晛			
			彦懿	
				武经郎

益之	公源				
	公泽				
修武郎谓之	承节郎公侃	彦定	辙夫		
		彦宁	雅夫		
			楚夫		
			瑶夫	时逭	若侣
					若俑
				时遬	若焘
					若仞
谏之	公俊				
	忠翊郎公檖	彦止	柄夫	时□	
	武翼郎公退	彦汭	钢夫	时晊	
			钊夫		
			镤夫		

		锳夫	时栣
	彦溥		
	彦淑		
	彦泌		
	彦淳		
	彦落	源夫	时赍
			时嫧
			时员
			时贺
		煊夫	
		熩夫	
	彦涛		
	彦横		
	彦𫐄		
成忠郎公淇	彦澧	堙夫	
		填夫	

			彦济				
		公胜	彦臣				
右监门卫大将军叔过	武翼郎申之	公义	彦竑	齐夫	时阐	若汉	嗣絧
					时䜣	若浏	嗣楰
							嗣松
						若汃	嗣橉
						若涔	嗣柙
						若渃	
						若濈	嗣槟
						若漉	
					时上	若灉	
						若潸	
				宧夫	时愈	若晦	嗣抦
							嗣捧
							嗣搢

		时宗			
		时奕	宥夫		
嗣琛	若佐	时濠			
嗣珸					
		时渲			
	若柏	时涝			
	若榙				
	若燦	时湑			
	若烸				
	若付	时杠			
	若僎				
				彦玗	
				彦证	公善
		时湮	鄯夫	彦谧	公羲
	若栝	时漌			
	若[illegible]				
	若垩	时旴	[illegible]夫		

			若輢	时昆 时愕 时移	悌夫			右侍禁□之 忠翊郎修之 承节郎行之 成忠郎循之 承节郎衍之	太子右内率府副率叔斋

		南阳郡公克愍	安康郡公叔頍	汉翊侯涚之	三班奉职公连							
					左班殿直公元							
				清源侯耨之	修武郎公衮							
					修武郎公立	彦文						
					赠承义郎公舒	彦衮	鑢夫					
							普夫					
							惪夫	时漾	若楼			
									若棬			
									若棻			
								时濂	若楣			
									若栶			
									若𣐑			

若樟				若珖	若玟		若玢	若琍	若仙	若玺				若偙	若傸	若俙
				时伞		时莩	时庲		时厍	时扃	时力	时勣	时劝	时劾		时扐
				翼夫			讵夫				诩夫					
			彦和	彦礼												
	赠朝议	大夫公	彦													

若偭	若僁	若璩														
			时埶	时遽	时趣											时瑶
				诣夫												涌夫
						彦祁									彦椿	彦模
							朝散郎	公惠	成忠郎	公愿	公思	成忠郎	公懿	忠翊郎	公意	
							武节大	夫宥之								

惠国公叔纥	北海侯揖之	三班奉职公安秉义郎				
					时鉴	
					时钎	
				濂夫	时鏴	
				澳夫		
					时倩	
					时仞	
				泮夫	时仉	
				涘夫	时迓	
					时逦	若游
				敢夫	时乃	
					时瓃	
					时琭	
					时环	
					时瓔	

公荣				
忠翊郎公福				
修武郎公富	彦益	倾夫		
	彦石			
秉义郎公仪				
秉义郎公喜				
保义郎公宏				
承节郎公博	彦德			
	彦端			
	彦幸	嘉夫	时硂	若岩
				若坒

若崑 若著 若倖 若悦 若汙 若澗 若潞

时鐖 时鍱 时琪 时珑 时鐴 时铄 时爰

昌夫 麟夫

保节郎公宝 保义郎公祐

西头供奉官喜

				之	公寿	彦弼						
						彦名						
				忠训郎宁之								
				左班殿直胜之								
			淮阳侯叔邯	赠右朝奉郎泽之	赠中大夫公旦	彦端	威夫	时俌	若榜	嗣礽		
										嗣禋		
										嗣禨		
								时珅				
								时瑨				
						彦超						
						彦靖						
						彦竢	立夫	时瓛	若嵩	嗣迪		
									若[礻+茯]	嗣遂		

嗣滑	嗣濯	嗣泓														
若岩	若蔆									若烟						
		傃夫								时依						
										眶夫						
			彦涑		彦鱼	彦思		彦燐	彦畱	彦斐						
				承节郎	公奭		承务郎	公高				公原				公晶
											忠翊郎	左之	忠翊郎	约之	成忠郎	蒹之

	公穀				
承信郎稽之					
成忠郎贯之	秉义郎公隐	彦端			
		彦柔			
		彦琯	庬夫		
			厲夫		
赠朝议大夫礼之	承义郎公逮	彦悳	邹夫	时墇	
				时墰	
				时垕	
		彦橐	郇夫		
			偕夫		
			傔夫	时程	若钒
					若铥

	时洎	⿰亻悉夫		
	时⿰王專	麐夫	彦璒	朝散大夫、直秘阁公迥
	时⿰王尊			
	时瓀			
若鉴	时珹			
		傃夫		
		素夫		
		颐夫	彦珂	
若漸	时励	垕夫		
若像	时劲			
若俪				
若住				
		墅夫		
	时⿰钅并	洴夫	彦慧	公述
		预夫		

						彦顺	玒夫	时涅			
						彦宗	瑒夫	时俾	若溱		
								时笏	若□		
							琭夫	时原	若[illegible]		
									若溇		
								时厞	若泛		
								时反			
						彦敏					
						彦孜	敀夫	时逐			
						彦玲		时迥			
				从政郎节之							
			左班殿直叔负								
			左班殿直叔敫								

颍川郡王房

颍川郡王、谥安简德彝	广平侯承矩	光国公克广	建国公叔亚	安康侯报之	右班殿直公恕赠中奉大夫公[illegible]	彦孟	充夫	时绶	若暲	嗣颢		
										嗣颙		
										嗣顺		
									若琮			
									若玑			
									若琦			
								时声	若璜	嗣显		
									若琅	嗣约		
										嗣绍		

						时牧	若瑕	嗣缨		
							若⿰王带			
						时稷	若璪	嗣⿰纟庸		
							若瑄	嗣绣		
							若锄			
					仁夫	时教				
				彦韩						
				彦荀						
				彦庄						
			公惠							
			从义郎公宪							
		华阳郡公学之	右侍禁公瑾							
			右侍禁公瓘							
			赠武德							

郎公琎	彦古				
	彦国	讱夫	时及	若沄	嗣琨
					嗣瑛
					嗣瑾
				若沂	
			时适	若淦	嗣珙
					嗣瓛
				若涂	
				若洽	
			时蓬		
				若汴	
		倕夫	时莱	若霳	
				若霆	
			时豫	若珹	
				若璲	
				若斑	
			时倚	若珒	

								时忲	若𬤇			
							侔夫	时栋				
							尧夫					
				清源侯导之	承议郎公揆	彦佾	瑭夫	时似	若金	嗣清		
										嗣溥		
										嗣洽		
								时价	若苍			
									若石			
							瑜夫	时修	若塾			
									若凤			
									若虎			
									若麟	嗣复		
										嗣澈		
										嗣洧		
										嗣溥		

嗣祥	嗣普									嗣祺		嗣谊	嗣夔			嗣锦
	若楫	若注	若谐	若调	若诪	若谡	若谰		若逞	若諿		若峄	若辩	若伦	若彪	若哲
	时父				时迄		时遡	时速		时遇	时迈					时傅
	珣夫										班夫					

嗣焘	嗣业	嗣渊		嗣谦	嗣谏	嗣绅	嗣缵	嗣缙	嗣升		嗣炳	嗣炤	嗣钧	嗣钟	嗣釭	嗣钺
若猛				若德		若介			若鉴	若畴	若和		若荃			
			时友	时仪		时俶			时权		时济					
				璘夫		理夫			揾夫							
				彦游												

嗣琰	若仁				
	若见				
嗣赍	若虞	时钦			
嗣宾					
嗣实					
	若林	时证	玕夫		
	若舟				
	若登				
		时证			
		时访			
	若火	时炳	玖夫		
					武德郎
				彦皋	公拟
	若楠	时焘	严夫	彦回	
	若柱				
	若瓖	时翊			
	若瓒				

森夫	时芳	若谆	
		若谨	嗣珂
		若记	
		若证	
	时著	若该	嗣璋
			嗣璝
			嗣珒
		若𬣙	嗣琉
		若谐	
	时薪		
	时蓁		
浑夫	时效		
	时偃	若赞	
		若调	
		若谡	
		若谅	
		若譢	

								时佚				
						彦龄	莹夫	时亿	若浤			
									若灏			
								时仏	若浚	嗣逾		
									若溍			
									若潒			
									若泷			
									若泜			
								时伟	若濒			
									若弭			
						彦稷						
						彦契						
						彦说						
					忠训郎公振	彦纯	巽夫					
							□夫					
					忠训郎公拨	彦绍	琎夫	时放	若泳			

若泾	若泓		若沅	若溥	若滩							若玢				
	时偰	时倕	时企	时倜		时僼	时仍					时濈	时溁	时滙		
				琦夫						柚夫		栒夫	楬夫		祝夫	
									彦革	彦芹	彦芾	彦苒				彦芝
								武功郎公拯								

	彦暹		
	彦侔		
	彦偲	公迅	
		忠训郎	
		公适	
		从事郎	
	彦俊	公遹	
		从事郎	
	彦杰	公迈	
		奉议郎	
	彦伸		
	彦儒		
颋夫			
颛夫	彦仇	公迪	约之
		修武郎	武翼大夫
栘夫	彦芥		
	彦莘		

			时寗
			时赛
		愍夫	
		愿夫	
		颀夫	
		硕夫	
	彦侃		
	彦偕		
	彦仪		
	彦僖		
	彦儧		
	彦侨		
	彦倭		
公远	彦侗		
承节郎			
公暹	彦倜	咏夫	
		诱夫	时玢
		倓夫	
		俯夫	时琭
		傔夫	

嗣洄						
嗣濆	若鏊					
	若润					
	若瀓					
	若文					
		时焕				
		时秀	介夫	彦轼		
				彦張	郎公镛	经之
					左儒林	忠训郎
				彦歆		
			颙夫	彦仪	公逯	
					公適	
		时璪				
		时璁				
		时瓎	侬夫			
			僡夫			
			僩夫			

				若格	
	彦斌				
成忠郎					
公幵	彦倩	履夫	时绅	若址	
				若壦	
				若塘	
			时纪	若埈	
			时绍	若增	嗣镩
				若□	嗣缧
				若埭	
		泰夫	时萃		
		蹇夫	时芳	若墁	
			时□	若瀴	
			时珌	若稽	
公喆					
公㣊					

		公朋					
		公从	彦仁				
		公珏	彦回				
			彦龄				
昌国公叔萌	太子右监门副率畏之						
	太子右监门副率门副率亭之						
	左班殿直绎之						
	承议郎绰之	二班奉直公术					
		秉义郎公衡	彦文	训夫	时玐	若畤	嗣瀴

									嗣淮
								若昞	嗣浘
				彦俊					
			成忠郎公默	彦修					
			修武郎公术	彦傅					
				彦逭	召夫	时偩		若镈	嗣浰
								若镳	
								若镇	
		左班殿直绛之	左班殿直公术						
		武经郎纬之							
	济阳侯叔定								

崇国公叔兰	赠左领军卫将军衷之					
	赠武节郎衮之	武翼郎公元	彦良	菲夫	时愽	若猷
						若赓
					时怀	
				觌夫		
				蔁夫	时悰	若实
						若實
						若寀
					时憬	若宫
					时懽	
			彦仲	曾夫		
			彦价	峦夫	时冕	若磷
				嵬夫	时稌	
		公下				

					左侍禁衮之
				公禀	
				公爽	
				公庆	
		论夫	彦涉		
若悏	时仙				
	时玙	侨夫			
若[illegible]					
若琭	时葆				
若珲					
若现	时董	倈夫	彦惆		
			彦远		
			彦适	秉义郎公庬	
				秉义郎公度	

秉义郎	秉义郎				
袠之	公彦	彦晃			
	承信郎				
	公庠				
	武翼郎				
	公寄	彦鬄	许夫	时使	若柂
				时佌	
		彦髦	濫夫	时溺	若柳
		彦髣	愍夫	时洛	若杍
				时沂	
				时泥	
		彦𩭛			
		彦𩬊	俣夫		
			急夫	时泺	若榨
					若棣
				时汎	若桎
			鉴夫		

	若棐	时瀞	韪夫			
	若粱					
		时椆	遐夫	彦鬃		
					赠武义	敦武郎
嗣活	若玜	时禾	讦夫	彦楼	郎公廉	衷之
	若镶					
嗣锌	若漋	时焌				
嗣铂						
嗣琫						
嗣锤	若深					
嗣镈	若沃					
嗣锷						
嗣锞						
	若潚	时爚				
嗣质	若溱					
	若奢	时炜				
	若汥					

嗣班	嗣琊	嗣珍														
若泝			若涑	若漨		若硂	若𥖄									
时炤						时遂	时递	时瑍	时宝	时宥						
					讦夫	诹夫			谛夫							
											承信郎	公康	公廙		公沂	公济
														从义郎	裹之	

	公沛							
赠正奉大夫表之	右修职郎公膺	彦莘	牛夫	时申				
				时侔				
			羔夫	时佫				
				时倦	若倠			
			鸾夫					
			虎夫	时骧				
		彦阜	龙夫					
		彦卂						
		彦芈	骇夫	时墉	若儦			
					若候			
			骤夫	时跃				
				时趾				
				时践				
	修武郎							

公厉	彦斗	镕夫	时濮	
			时浏	
			时潨	
			时湝	
		镅夫		
		鐩夫	时漄	
			时淇	若慁
			时瀧	
	彦覃	钔夫	时滥	
	彦革			
	彦臯			
公廓				
公庾				
朝议大夫公廙	彦巩			
	彦中	补夫	时涛	若栅
				若梳

					彦玑
				公勉	
太子右监门率府率措之	左侍禁	左侍禁孝之		武节郎靖之	太子右内率府
河内侯叔禽			太子右内率府副率叔疾	太子右内率府副率叔缙	高密郡公叔標
				济国公克彰	

副率迹之						
右监门卫大将军忠州团练使总之	修武郎公志					
	秉义郎公诏					
	武翼郎公谏	彦忠	岩夫	时俊	若淮	嗣揃
						嗣拂
			席夫	时𬳿		
				时验	若溓	
			库夫	时研	若涞	
				时宽	若璜	
					若璬	嗣楫

								嗣漨	嗣滨		嗣溥					
	若抡						若錍	若鍄	若鉨	若鍉	若锋	若铝	若镛	若钪	若锭	若铸
时佖	时全				时万			时垕	时弥		时瑾					
	环夫				啬夫			庲夫								
	彦葵				彦弼	彦辅										
	公邕	武经郎	公详	忠翊郎												

嗣𬤊　嗣讙　嗣诩

若霰　若雩　若露　若雺　若䨀　若霡　若霄

时儃　时侠　时荐　时芆　时蔼　时茇　时蒨

瑄夫

公说　公谏

右侍禁习之　修武郎温之

彦环　彦俱

公诵　公逢　公宜　公载　公鑫　公仝

忠翊郎闾之　秉义郎资之　太子右内率府副率惎之

钦国公叔完

太子右内率府副率推之					
博平侯传之	武节郎公渊	彦椿			
		彦松			
		彦桧			
		彦熛	旦夫	时宜	若城
			拐夫	时燧	若射
		彦枝	邻夫	时凝	
			澊夫		
	成忠郎公泽	彦周			
		彦吕			
	公琮				

公珪

公琥

公琪

公瑾

公璨

公律

公莱

西头供奉官仙之

西头供奉官仪之

从义郎伯之

右侍禁作之

左班殿直徕之

宣城侯叔鄰

				忠训郎偎之	秉义郎公政							
				敦武郎倞之	公璇	彦贤						
				宣教郎隆之	公轼	彦璁						
						彦瑮						
				敦武郎保之	成忠郎公锽	彦滈	传夫					
							琨夫					
				信之	承信郎公敏	彦冲	歙夫	时弥				
							圜夫	时涟	若櫂			
								时濨				
								时泤				
								时碤				

			鞯夫	时洲	
				时磻	若墶
					若香
					若曹
		彦消	辑夫	时濮	若稽
					若栵
	公玫	彦冉	谟夫	时涛	
				时荥	
				时蘁	
				时□	
			勍夫	时宾	若偓
			確夫		
			锄夫	时榹	
				时桄	
赠武翼 郎似之	承信郎 公质 武翼郎				

公	彦	夫	时	若
公诜	彦洌	茉夫		
		棐夫	时默	
			时熹	
			时焘	
		橥夫	时焄	
	彦潇			
	彦泺			
	彦潸	榈夫		
武经郎公庚	彦濛	夆夫	时渟	
			时沍	
		嶹夫	时恧	
		岳夫	时郙	若渫
			时鄹	
	彦淹	戬夫		
		镄夫		
	彦湛	爽夫	时哗	

若仍

时陼 时霨 时零 时霰 时[illegible] 时珎 时珊 时瑛 时琤 时璀

枕夫 柎夫 櫂夫 颋夫 导夫 柞夫 笃夫

彦河 彦液 彦海 彦缉

公㬎 武翼郎

忠翊郎仕之	公达			
		彦悦	榕夫	
			杆夫	
			禹夫	
		彦澈	盘夫	时瑁
			衎夫	时楝
				时珕
			寡夫	时玼
				时钥
				时釭
			麃夫	时锭
				时荣
				时藼
			参夫	时蘖
		彦淇	稺夫	时镆

		公份	彦虢			
信都郡公叔鏖	忠训郎清之	保义郎公彦	彦谓	衎夫		
			彦语	遗夫		
				迓夫	时宙	若沅
						若滃
						若泄
						若皓
				迭夫		
	忠训郎净之	秉义郎公谦	彦廉	颐夫		
				濡夫		
				深夫		
			彦毫			
			彦庋			
			彦赓	潍夫	时鋈	若骥
				钖夫		

														若棱		
			时钠						时玗				时澲	时澊	时驷	时燫
迣夫	遈夫	𦀩夫	稠夫	稔夫	绫夫				昆夫	辂夫	劢夫	轻夫		载夫		辐夫
		彦梅			彦枝	彦祎	彦秘				彦庚					
							公谧	训武郎								

						时溉	时服	时梆			
效夫	彻夫					提夫	昞夫				
彦械						彦江			彦春	彦新	彦宁
				公醇	承信郎公醴	忠训郎公酢				武经郎公纶	
		冰之	忠翼郎泳之	承节郎浚之		武翼郎涤之					

		彦坦	公猛
			成忠郎
	稠夫		
时彻	祢夫		
时衎	禄夫	彦潽	
时茷	瓛夫	彦戚	
		彦佼	公盱
		彦文	
	扆夫		
	蘲夫	彦褒	
		彦该	
时熛			
时烁	稀夫	彦调	
		彦衡	
时镈	亵夫	彦琝	
		彦骞	
		彦廛	

侨夫	釿夫	𤩽夫			鏸夫	镍夫	鍽夫	釰夫	钮夫	锯夫	钡夫		钻夫			
彦浏		彦涣				彦郧	彦鄂				彦郦	彦鄫	彦鄷	彦征	彦谮	彦纵
		公瑱	承节郎	公广												

					佛夫				
				彦洞	櫖夫				
					栏夫				
					稔夫				
					穓夫				
				彦濑					
					玲夫				
					琜夫				
				彦潽	梶夫				
				彦濴	𬍛夫				
			承信郎公春						
济国公叔尊	左班殿直祚之		公才						
	公弼								
武德郎立之	赠宣教郎公亮		彦锵	慄夫		时湍	若鉴		

		若垎	若端	若垷			若徽	若僡	若僙	若伹	若㑳	若伸	若倕	若偲	若锦	若镫
				时儹	时伓	时侅			时倧					时俙		
	健夫			佝夫										佸夫		
彦瑜																

	嗣光	嗣先	嗣愈	嗣全	嗣企					嗣佑	嗣佟					
若鼎	若颐	若泰	若益			若震	若观	若孚	若蒙	若临	若壮	若巽	若洸	若诜	若诚	若谧
时信			时忠							时制			时仔		时乐	
辩夫																
彦球																

若谖 若沭 若钊 若格 若仆

时祐 时依 时开 时瓗

造夫 蘩夫 逢夫

彦瑀 彦玮 彦玘 彦旺 彦昔

保义郎公觉 公谊 公询 公谨 公谕

左班殿直袭之 秉义郎襄之

					时垚		
					时谣		
				伒夫	时珞		
					时迦		
太子右内率府副率叔澌							
济国公叔峙	三班奉职补之						
	朝请郎进之	公望	彦烨				
			彦子				
			彦孝	熙夫	时悆		
					时忘	若骕	
					时忝	若驷	嗣⿰彳厍
						若驎	

				若泓								
		嗣筵										
		嗣宾	若渫									
		嗣租	若浦	时铨								
				时起	秀夫							
			若温									
			若灏									
			若涘									
			若澧	时镕								
				时升	贯夫	彦辅						
						彦弼	郎公纯					
							右从政					
				时颉								
				时颤								
				时颁	焘夫							
			若瞻	时愿	庚夫							
			若骍	时惷								

若浓					
	时钜				
	时琠	罄夫			
		謦夫			
	时璛				
若[illegible]	时恕	惆夫	彦佐		
若铁					
若鉴	时恻				
若[illegible]					
		陨夫			
		歆夫	彦洁	保义郎公悦	
		蓄夫			
			彦潛		
	时[illegible]	铙夫	彦淞		
			彦潼		
				宣义郎	左中大

							若稽	若擈								
							时鋂	时莱						时珴	时現	
		庄夫	襄夫	裕夫	雄夫	鼖夫	正夫							通夫		
		彦颙								彦点	彦直	彦桥	彦弻	彦仁		彦勛
公衎	儒林郎	公衎							从事郎	公衡						
夫纵之																

							若瑷	若罠				
						时衢	时伽		时仆	时㻩		
					洌夫	儆夫				达夫		
彦熙	彦默	彦黝			彦稜					彦俊	彦廊	
			保义郎公琭	公璋	公贤					公衡	公赞	公岫
			修武郎廷之		通直郎在之						宣教郎缉之	武翼郎素之

					秉义郎 公孚	彦奁	鉴夫	时瑯				
							□夫					
							钒夫					
				修武郎 竦之								
				右从事 郎彭之	保义郎 公颁							
					公颜	彦祝	保夫	时侉	若睐			
									若曣			
					公颣							
				纮之								
				翊之								
				牧之	公术							
					公瑢	彦蠡	宝夫					
							凝夫	时奎				
						彦旌	逯夫	时淤	若窠			

				的夫	时瓖	若礼
					时庤	
				民夫		
			彦锋	彪夫		
			彦飏	盼夫	时衜	
					时循	
				铣夫		
济阳侯叔稠	翼之					
	承节郎佐之					
	武经郎佑之	忠训郎公洋	彦侧			
			彦琉	霁夫		
				霆夫		
			彦理	逦夫		

时椽

夫鋆 夫鈆 夫釜 夫鍪 夫钰 夫锅 夫篴 夫遻

彦杰 彦濠 彦英 彦徙 彦瓓 彦𤩽

公涛 公源 公淳 公浩 公洄 承节郎 公洙

仲之

	彦隽			
铨夫	彦珠			
锑夫				
镰夫				
镛夫				
		公沔		
		公渍		
戆夫	彦璪	公濛		
			左班殿直叔倓	
			东头供奉官叔魟	
			太子右内率府副率叔镇	吉国公克绍

赠保信军节度观察留后叔洎	敦武郎载之					
	承忠郎毳之	公辅				
		公弼				
崇国公叔寓	北海侯必之	赠中大夫公觇	彦逯	荞夫	时久	若谷
					时夂	若杣
						若栜
						若栎
				考夫	时俯	
					时逯	
				皦夫		
			彦远			
			彦述	默夫	时谦	

					从义郎
				彦逊	
				彦进	
		时倴	诜夫		
	若池				
嗣墉					
嗣墇					
嗣垓					
嗣垚					
嗣震	若一	时价	共夫	彦逸	
		时俨			
	若玢				
	若璟				
	若瑨				
	若超	时学	郏夫		
	若玑	时侎			
		时绩			

	公昹	彦逢			
		彦逢	惠夫	时预	若儁
			慹夫	时利	若珻
					若珉
				时滋	若熢
				时集	
			懃夫	时恂	
				时予	若诵
				时向	
			广夫	时衍	
	三班奉职公昁				
赠武德大夫识之	赠太师公照	彦迓	侃夫		
			倡夫	时柄	
				时杖	

嗣栟	若垂	时侨		
		时份		
	若埏			
	若堉			
嗣樋				
嗣枞				
嗣沂	若坡	时侑	笈夫	彦逾
		时镓		
		时钡		
		时钲		
		时锒	伃夫	
		时锶	僝夫	
			伛夫	
		时畲		
		时逦		
	若璿	时滥		
	若垔	时谈	徼夫	

	若锋	时珏		
		时珪	敷夫	
			彻夫	
		时琊	敦夫	彦逞
			筬夫	
	若琰			
嗣练	若瓘	时份	築夫	
		时傢		
		时儲		
		时仗		
	若讵	时俓		
		时俱		
	若谱			
	若谭	时俦	篯夫	
	若埔	时傶		
		时佺		
		时倓		

彦迂			
彦□	侵夫	时详	
		时诹	
			若琊
	倅夫	时瓘	若球
	僻夫	时潭	
		时宣	
	俄夫	时龢	
			若珪
		时璐	若壇
彦送	觎夫	时琫	
		时琡	
		时琦	若镝
	敦夫	时璘	
		时琖	若钞

若瓖	时秩				
	时稴	沥夫	彦通	赠承议郎公昕	武德郎海之
				公昉	
		亶夫			
		全夫	彦导		
若珅	时仿				
若玫	时僎	梓夫			
		微夫			
		倣夫	彦逮	武节郎公时	
若環	时濂	侵夫	彦远		
若晼	时堲	筍夫			
	时璇	筌夫			
	时垔				
	时瑫				
若谞	时璹	簏夫	彦逡		

	时幸		
	时伻		
	时儌	濊夫	彦迨
	时拯	減夫	
		沣夫	
	时拴	淇夫	
	时抡		
	时挸	汛夫	彦迴
	时握	濽夫	
若悉	时樣	滐夫	
	时楗	涀夫	
	时机		
若惠			
若懇			
若愿	时择	渭夫	彦迎
若埻			
若坴			

							浡夫					
				三班殿 职讽之								
				右侍禁 讲之								
				宣教郎 志之	忠翊郎 公昱							
				修武郎 讯之								
				敦武郎 哔之	公曨							
					公景							
					修武郎 公美							
			博平侯 叔颇	秉义郎 玫之	公荣							
				清源侯								

	耨之	公辅			
赠右屯卫大将军叔㬊	忠训郎现之	秉节郎公炳			
		修武郎公焕	彦璼	翛夫	
		从义郎公烨	彦悊	贲夫	
			彦念		
	明之				
襄阳侯叔籍	右班殿直说之				
	秉义郎讲之	公曜	彦瀼	苗夫	时壦
				煣夫	
				堞夫	
				镈夫	

承议郎证之	公景	彦烛	夷夫	时涘	
			坤夫	时埣	若玞
			井夫	时堪	若瓖
					若瑎
				时址	
				时墣	
				时垌	
		彦漆	竺夫	时墐	
				时拭	
				时揵	
			箴夫	时屺	
		彦涧	垌夫	时唤	若泸
					若淌
					若湞
			沓夫	时霄	若圢
					若坤

								时轮	若垟			
								时韬				
								时鐩				
							稔夫	时竫				
								时竢				
					公睢	彦菏						
						彦澌	垠夫	时怅				
							坎夫					
						彦灘						
						彦沈	坏夫					
		高阳侯克循	惠国公叔参	太子右监门率府率莅之								
				博陵侯益之	秉义郎公康							
					修武郎							

								公纯				
								承信郎				
								公绥	演之			
								成忠郎	武经郎			
								公慎				
								公悦	润之			
									右侍禁			
								公度				
								保义郎				
				若楠								
				若杜	时敌	谋夫	彦诸					
						皇夫	彦遵					
							彦进	公序				
								秉义郎				
								公庠				
								秉义郎				
								公廉				

若鋾	若锞		
时贤			
绅夫	柽夫		
彦逢	彦遐		
忠翊郎公纮			
左侍禁沂之	右班殿直祐之	三班奉职禔之	右班殿直祈之
太子右内率府副率叔罕	荣国公叔悝		

修武郎禛之	公成					
	秉义郎公礼	彦惟	谓夫	时寘		
				时亶		
			启夫	时琨		
			旨夫	时能		
				时旹	若琱	
			逾夫	时玘		
				时璥		
				时玿		
			右夫			
		彦求	召夫	时亮	若泞	嗣榆
						嗣鐟
						嗣俜
				时襄	若农	
					若洂	

若湉	若沚		若汴	若浣	若璲	若珚	若璹									
时术		时暘	时企	时滬	时高	时彦	时衷	时熙	时庶	时捷		时暄				
					谷夫			名夫			吾夫	岩夫				
														公实	公宝	
													修武郎	袷之		右侍禁
																景城侯

叔座	琏之				
	右班殿直球之	承信郎公樽			
	左班殿直琳之				
	右侍禁侃之				
	武翼郎珦之	公镈	彦高		
			彦文		
		奉议郎公铎	彦升		
			彦沧	埶夫	
			彦洤	缦夫	时稡
				缍夫	时[illegible]
			彦昌	鏊夫	
				夫鋈	时坐

				时壍
				时迳
			直夫	时型
			端夫	时垒
		彦昪		
修武郎琢之	公锐	彦陟		
	忠训郎公镏	彦邵	蒨夫	
			葵夫	时溶
		彦邻	俪夫	
			倦夫	
			喇夫	时噞
			铋夫	
	承信郎公锭	彦旃	址夫	时锬
			增夫	

							埙夫					
							堪夫					
						彦廞	璐夫	时炉				
								时钤				
							璝夫	时倡	若泱			
								时腽				
							琦夫					
						彦厅	终夫	时祂				
						彦序						
				赠武议郎瑄之	赠朝奉郎公镗	彦棪	本夫					
							荎夫	时[亻角]				
							薾夫	时禋				
						彦檀	[王斥]夫					
							玗夫					
						彦恬						
					承节郎							

		右通直		
		公咏	之	
		忠训郎	奉官亿	军叔须
			东头供	卫大将
				右监门
	彦漄			
椂夫	彦浣	公钺		
		承节郎		
	彦赍			
柚夫	彦滞			
枥夫	彦法	公镬		
		承节郎		
榁夫				
槵夫	彦濡	公铨		
	彦溹			
谭夫				
谲夫	彦泗	公纲		

					郎公谧	彦甫	骥夫					
				忠训郎侃之	修武郎公言	彦赟	遂夫	时收	若珂	嗣份		
								时敎	若瑢			
								时效	若玳			
									若镛			
				赠武翼郎价之	从义郎公谨	彦仁	华夫	时观	若稵	嗣埻		
								时䙺				
								时睍				
								时觊				
						彦同	奥夫	时遞				
							苹夫					
							珮夫					
						彦雄						
					修武郎公说	彦赞	璨夫	时[illegible]	若潛			

				嗣熑										嗣椿	嗣翁	
若檀	若櫨	若棐	若貘	若棋										若涌	若溊	若通
	时泼			时涟	时就					时泌	时涔	时溘			时泞	
				尉夫	甲夫	机夫	瓖夫	璞夫	璨夫	玓夫	瑊夫	玺夫	珧夫			
						彦摹										

		㐱夫		
		斑夫		
武翼郎				
公训	彦巽			
	彦番	液夫		
	彦茂			
	彦蔚	策夫		
	彦蒉			
		樀夫	时烋	
		掏夫		
忠训郎				
公诚	彦奇	及夫	时椿	若琖
				若烯
				若燡
			时[illegible]	若炎
			时楠	若炤
				若槼

			彦暮	浒夫	时棋	
				濛夫		
				潵夫	时榶	若爝
						若炥
					时桴	
					时楪	
					时倨	
			彦铆	叶夫		
				俓夫	时逮	若璽
				佫夫	时潼	
				慝夫	时瀴	
					时楯	
				佾夫	时迒	
				徛夫		
	保义郎					
	保之					
赠左屯						

卫大将军叔趾

宋史卷二三六
表第二七

宗室世系二十二

	赠宫苑使 宜州刺史 承漠	新平侯 克构	冯翊侯 叔璨	太子右 内率府 副率持 之 魏国公 退之谥 平恪	秉义郎 公政	彦孟	烈夫	时成	若公	嗣智	次鐩	

次镇					次通	次达	次珍	次溱			次琛	次璋				
	嗣謩	嗣杰	嗣棒		嗣鉴		嗣忠	嗣铸	嗣鈵	嗣鉟	嗣镝		嗣锖	嗣瑫	嗣瑃	嗣康
	若讷		若水	若坚	若虚		若思	若愚					若升	若盛		若冰
													时强			

	嗣御	若瀟	时道
	嗣琦		
	嗣瑀	若栏	
	嗣⿰王尃		
	嗣琜	若楳	
次烁	嗣镔	若椿	时直
		若尹	时威
		若川	
	嗣⿰钅丕	若宝	
	嗣⿰钅萧	若云	时会
			时叙出继
	嗣隆		
	嗣琎	若先	
	嗣仙		
	嗣僬	若禖	
		若升	

		次辙	次轼	次涣	次津	次琪	次玙	次沂	次玑	次璿						
嗣镠	嗣铼		嗣吉		嗣𬭎		嗣键	嗣矗		嗣锋	嗣𬬿	嗣铗	嗣钟		嗣铹	
	若瑭		若鹏				若宗			若霖	若潾		若泙	若潆	若波	若溲
										时叙						
										拨夫						

				嗣钸
	扬夫	时兴		
彦和	垒夫	时功	若神	嗣燧
				嗣烊
				嗣烨
			若裕	
		时协		
	憿夫	时靖	若瓔	嗣兴
			若琫	嗣濯
			若瑂	
			若琁	
			若蒯	嗣溶
			若镨	
			若锐	嗣浒
		时炯	若徐	嗣湆
	华夫		若代	

		若梴		若潷			若溠									
	时曇	时行	时式	时鬐	时闻		时昱	时滏								时朋
长夫	卬夫	岩夫				宪夫	旸夫		懋夫						尧夫	篯夫
	彦宁									彦守					彦才	
											右班殿	直公寄	赠武功	大夫公	谊	

			濞夫	彦概
			纯夫	
			纬夫	彦忠
			钦夫	彦拂
				彦惠
			舜夫	
	若璪			
嗣沅	若瑁	时宛		
	若泮	时略		
		时志		
		时亨		
	若钲			
	若镣	时旸		
		时方		
		时义	镇夫	
	若铠			
	若鐩	时喇		

							泅夫	时珽	若潇			
						彦随	庸夫					
						彦泰						
						彦憙	惧夫					
							[illegible]夫	时轸				
						彦愳	瀼夫					
							溥夫					
						彦憔	丙夫					
							端夫					
							寿夫					
							与夫					
					保义郎公训							
					武翼郎公诚	彦聪						
						彦能						
						彦华	邵夫					

		叟夫	时孚	
			时彧	
	彦聍			
	彦聘	端夫	时滔	
忠训郎				
公详				
忠翊郎				
公诜	彦瑛			
	彦璠	交夫	时沼	若糠
	彦玖	几夫	时旅	若铅
				若证
			时履	
		比夫	时瓏	若潫
		司夫		
		骥夫		
		眷夫		
		尉夫	时愿	

			嗣璠													
若沭	若仞	若俺	若侮	若楪		若恢	若愕		若棒	若模				若墺	若淲	
	时湘		时激	时湑			时標	时昧		时辨		时錑	时釴		时鐊	时铮
			宣夫	肩夫						积夫						如夫
				彦民	彦珙					彦付	彦玓					

								时逢	若映			
							辰夫					
							亲夫	时辑				
								时伶	若坦			
								时锎				
							列夫	时锴	若柳			
									若墀			
									若珧			
									若坾			
					承节郎公谔							
					公亮							
				右侍禁合之								
			博平侯叔况	太子右内率府副率弨								

之						
博陵侯	训武郎					
敉之	公沓	彦鍪				
		彦理				
		彦球				
		彦珣	涛夫			
			铢夫			
			退夫	时涛		
				时澤		
	成忠郎					
	公彦					
	修武郎					
	公辅					
	忠训郎					
	公著	彦舆	瓘夫	时肇	若钆	嗣港
				时亭		
				时芾	若钟	

	时栎		
	时逞	珥夫	彦销
			彦举
		琫夫	
	时洄		
	时洗		
若[illegible]			
若[illegible]	时法		
若钘	时减	墪夫	
若诣			
若[illegible]	时迷		
若璥	时遂		
若讱	时近	玤夫	
		谦夫	
若铚			
若[illegible]			
若镨			

		时远	
彦轮	渊夫	时镈	
		时钮	若俊
			若僀
	申夫	时瑑	若佑
			若[亻罒隹]
			若僭
		时玛	
		时瑃	
	[王昏]夫	时[辶盍]	
	瓘夫		
	谦夫		
	赞夫		
	南夫		
	庆夫		
	吉夫		
	显夫		

				济夫	
				清夫	
				洗夫	
				涙夫	
		迪公郎公佐			
	监门卫大将军代州防御使茹之				
右屯卫大将军叔沠	从义郎赏之	承信郎公仪	彦回		
			彦迵	忩夫	时滮
					时濞
			彦逄	瑞夫	

		申夫	时昭	若鏊	
				若鏖	
				若鐬	
				若鈲	
			时槮	若淲	
			时梴		
			时樱		
公佐	彦琬				
	彦璪	存夫	时悲	若磔	
				若硝	
				若砊	嗣鍪
			时橪		
			时翼		
			时奫		
			时雅		
		盈夫	时仍		
			时醇		

		彦玗	亶夫		
			野夫		
			扑夫		
			介夫		
	承节郎				
	公伸				
	公有	彦机	议夫	时榛	
				时讱	
			侃夫	时馨	若沏
				时嵘	若瓔
				时𫢸	
			讱夫	时辐	
		彦耻	譓夫	时至	若琇
	修武郎				
	公信	彦琛	萛夫		
		彦琛			
襄阳侯三班借					

叔宁	职禧之					
	修武郎	忠翊郎				
	讱之	公琏	彦洽	讵夫	时[王雩]	若漯
						若溃
						若[日畺]
				诵夫		
				讲夫	时磅	
					时琅	
				计夫		
				诣夫		
			彦汾			
			彦渡	讥夫		
				鲜夫		
		成忠郎				
		公瑞	彦酉	周夫	时璨	若钦
					时璲	
				襛夫	时溯	若檖

从义郎公琦	彦庚	否夫		
		壮夫		
		革夫	时珽	若霈
			时褧	若霙
				若霤
		讫夫	时珇	若银
	彦饮	摄夫		
		搮夫	时㻩	
		揆夫		
		提夫		
	彦心	夬夫		
		焟夫	时憄	若栓
				若樄
			时慭	
			时繐	
		俊夫	时安	

										若稷				
							时敩	时敦	时敕	时敏	时敷	时效		
					钋夫				廲夫	廊夫		荫夫	信夫	德夫
彦莱	彦兴				彦洲	彦兴						彦毕		
	公玠	公琪	公琼	保义郎公瑑		承节郎公琨								

											嗣徽	嗣亿	嗣倞			
											若铈	若钋				
											时元				时复	时徽
									宽夫	征夫	训夫			绒夫	蹭夫	
									彦文					彦旨		
			公琬	公琰					公昭				公晦	公晔		
左侍禁	沐之	从义郎	辩之		右班殿	直瞽之	谞之	从义郎	蔼之							

								时彶				
					公睢							
				秉义郎谅之								
				文林郎咏之	忠训郎公彬	彦政						
						彦熿	垲夫					
							埏夫	时鈵				
								时鍱				
							封夫	时琟				
						彦熇	瑮夫	时琬				
	遂宁郡王承范谥僖温	昌国公克思谥孝裕	太子右内率府副率叔彪									
			太子右内率府									

副率叔曒		
太子右内率府副率叔盈		
太子右内率府副率叔龄		
东平侯叔鮀	敦武郎诱之	公宷
		公叙
	左侍禁诚之	公覤
		公靓
	敦武郎	

	諿之	公其				
	三班借					
	职说之					
丹阳侯	三班借					
叔聃	职瓘之					
	赠武节	武节郎				
	郎连之	公谦	彦社			
			彦裾	铎夫	时庆	若楅
			彦裣	潩夫	时铒	
			彦襟			
			彦裯	澻夫		
				溃夫	时镗	
					时铺	
			彦礿			
			彦裿			
			彦瑨			
		武翼郎				

公谆	彦罄	俒夫	时迈	若[illegible]
			时彭	
			时彬	
		诉夫	时暶	若淖
		珝夫	时裹	
		瑧夫		
	彦玑			
	彦琎			
	彦琭	臣夫		
		羿夫	时襘	
忠训郎公议	彦卣	应夫	时镭	
	彦高			
	彦瓛	儵夫		
		儛夫	时籴	
		瓛夫	时䨣	
公谊				

		若杅	若椶	若栦			若逯	若迁	若逮	若迕	若退					
		时倘					时秩		时桔			时穗				
	濎夫	渼夫			洛夫		泓夫						沈夫			
	彦璯					彦玖	彦璥							彦𤤺	彦瑂	
承信郎	公诗															秉义郎

	公洼	彦璚	倖夫	时曚
		彦玔	傪夫	时稑
				时梌
		彦玐		
	保义郎公譓	彦笥	涏夫	时樱
			绪夫	时杭
		彦璥		
		彦杓		
	公谥			
忠翊郎淮之	公詻			
忠翊郎爟之				
武德郎迪之	赠从义郎公愿	彦倈	谦夫	
			谌夫	

	若偋		若徽	若格	若柚	若鏧			若材							
时镈	时钿				时湾	时渍	时潽	时潘	时灡			时喧	时讲		时津	时淞
	谨夫	谄夫							𫍯夫	识夫	记夫		话夫	谚夫		访夫
		彦悼														

若浮	时镛		
若澶			
若滏	时锠		
若潽			
若溌			
若沩	时钺		
若濛	时锌		
若湏	时銈	谈夫	彦莅
	时爌		
	时炷		
若碟			
若砡	时熣		
若礅	时烔	认夫	
	时坚	譆夫	
		诤夫	
若滌	时旺	蓥夫	
		讽夫	

	彦接		
	彦制		
公忿	彦凝		
	彦俾	郊夫	时玹
	彦儆		
公意	彦供	峻夫	时瓛
	彦倢	偬夫	时菖
	彦信	畤夫	时蓋
赠承节郎公应	彦俯	语夫	
			时钧
		设夫	时鏓
	彦杰	诘夫	时复
		暲夫	时泮
		诸夫	
	彦禟	谏夫	
		谏夫	

				武经郎逊之	公彰							
					训武郎公愭	彦粢	仁夫					
							修夫	时瑛	若淰	嗣榕		
								时壅				
							伋夫					
							俊夫	时珷	若钰			
							仡夫	时球				
								时璨				
								时璩				
							仟夫	时瑊				
							儹夫					
							侅夫	时荇				
								时莱				
								时菌				
								时薌				

							嗣锐	嗣镤	嗣俊							
			若聪	若恳					若玚	若珆	若琍		若璠	若塛	若演	
				时谊	时诤	时议					时魁	时倞			时焊	时镩
						佰夫					佚夫	瑰夫			璲夫	徙夫
	彦枭	彦纲				彦檠									彦乐	
公林																

					公广	彦藩	珕夫	时榱				
								时柟				
								时槐				
							镈夫	时峙				
						彦湝	瑑夫	时歷				
							璝夫					
						彦涅	镰夫	时[目戚]				
							镣夫	时[目曾]				
								时[山㕣]				
						彦澣						
						彦滉	鑐夫	时[亻与]				
							鍒夫					
				达之								
				敦武郎								
				迁之	公淡	彦观	杨夫	时益	若箫			
							扣夫	时[王咨]				
						彦[叉见]	斐夫	时[讠卣]				

		赠忠翊郎公孺	彦鼃	扐夫	时敃	若褰
				芮夫		
康国公叔峤	武翊郎忻之	忠翊郎公雅	彦昇	陟夫		
太子右内率府副率叔禔						
	保义郎通之					
				廖夫		
				序夫		
			彦觐	庚夫		
			彦覮			
		忠翊郎公渭	彦相	烱夫	时至	

若濂	若瀚	若荥	若漪	若履	若豫						若畹	若焆	若熑			
时哲		时舜	时耦	时稼							时珝		时琢	时驭	时骐	
											圻夫			垓夫		
						彦昧	彦瑨				彦潋					
									公禧	忠翊郎	公僖					
								敦武郎	讥之							敦武郎

潓之	公叟	彦最	焄夫	时桯
				时楏
		彦昆		
	公耆	彦昭	晞夫	时崙
		彦盈	膳夫	时弆
			利夫	
			异夫	时穮
			蹇夫	时苗
				时并
			典夫	时易
			砻夫	
			弸夫	时初
			夏夫	
			缅夫	
		彦如	夤夫	
			驯夫	
			漻夫	时敷

若仙	时濮	袭夫			
		廷夫			
		寄夫	彦盟		
		吝夫			
		穰夫	彦炎		
		穢夫			
		缣夫			
		蒿夫	彦好		
	时讶	蕃夫	彦毅		
		扰夫			
		暄夫			
		懔夫			
		僙夫			
					赠武略大夫访之
				公旺	
				赠武经	

大夫公褒	彦塼	霙夫	时汶	若宰
				若宥
			时浚	若宔
				若宙
			时温	
		沾夫	时錍	若埭
				若圳
			时铮	
	彦璟	逨夫	时诏	
			时讽	
			时访	
		迣夫	时漋	若鏷
				若鐩
				若鏓
		逾夫	时誧	
			时许	

				赠朝奉
	时瀑			
	时泄			
	时溇			
	时澝	鍪夫		
若玮	时俆			
	时籥	鍉夫		
	时倠			
	时倰	铝夫		
	时侈	铈夫	彦玲	
	时憖	诫夫		
若强	时橑	诚夫	彦璐	
		槩夫		
	时樛	棕夫		
		松夫	彦玒	
			彦瑧	
		逭夫		

					大夫公亮	彦裕							
						彦显							
						彦宴							
						彦垆	浏夫	时诳	若仙				
									若衢				
								时认					
								时詈					
							涝夫	时[illegible]					
								时[illegible]					
							湣夫	时[illegible]					
							浦夫						
							蒲夫						
					武翼郎公膏	彦瑜							
						彦[illegible]	淑夫						
							滁夫						

			彦玏
	时塩		
	时埚	侁夫	
	时蘸	俊夫	
	时篓		
	时奇	左夫	
	时杼		
	时杒		
	时糒	祷夫	
若睽	时萘	簛夫	
	时𨗨		
	时𨒈	偿夫	
	时眯		
	时時	佯夫	彦琢
		迾夫	
	时倘	適夫	
	时偏	遷夫	

赠朝请大夫公亢	彦琇	清夫	时缉	
		樽夫	时涌	若炜
		澜夫	时雍	
			时谖	
		漼夫	时樱	
		沦夫	时桂	若炳
		溆夫	时桧	若煟
			时椺	
		沇夫	时棿	
			时榼	若熄
			时枰	
		沛夫	时迡	若瑀
			时逼	
			时遯	
		濆夫	时楅	若燫

	若燧	时杙		
	若烰	时櫰	澧夫	
	若灸	时檟		
		时柜	澬夫	
	若灼	时梠		
	若烨			
嗣垲				
嗣垣	若炘	时楹		
	若熽			
	若燧			
	若炤			
	若焊	时榆		
	若煜			
	若[illegible]			
	若炳	时椅	汜夫	彦珧
		时榙		
		时杵		

若寘	时珙	瀀夫	
若[illegible]	时琫		
	时椮		
若煠	时榎	净夫	彦玩
		渊夫	
	时橛		
	时栏		
	时杈		
	时枞	澶夫	
	时棒		
	时栁		
	时橞	泮夫	
		浮夫	
		濛夫	
若燔	时棒	汗夫	
	时杭		
若熤			

	时椂	沂夫	
		[illegible]夫	彦瑞
		[illegible]夫	
		湆夫	
		[illegible]夫	彦珻
		溒夫	
		涺夫	
		澴夫	
		漪夫	
		瀜夫	彦班
若璙			
若璯	时箓	流夫	
		浙夫	
		溓夫	
	时代	洢夫	彦璲
			彦瑻
若奂			

				时寯	
					若珍
	忠翊郎公裕	彦穗	潏夫	时庴	若[王从]
修武郎诂之	公祁				
		彦岩			
		彦峒			
		彦珠			
				时柈	
			鐌夫	时枂	
				时桔	
			铈夫	时炵	
		彦琥	鍨夫	时樑	
			錝夫		
				时楔	
		彦珲	镛夫	时檖	

														时鹿	时虎	时居
								焆夫		瀁夫	洵夫	滔夫	沐夫		洼夫	
彦漕	彦素	彦溶						彦璦				彦楗	彦楹			
公退		公遨	承忠郎	公迁	承信郎	公进	承信郎	公达	从义郎							
								郎谏之	赠武翼							

											若⿰火卿		若烛			
											时楮			时楪	时樋	时榑
											浤夫			滐夫		海夫
							彦牛	彦骐		彦寿	彦良	彦俯				
	公材	公林	公植	承信郎	公遇	保义郎	公造		中训郎	公安						
秉义郎	督之					武翼大	夫诚之		武节郎	擁之						

		时钟	
		时锷	
	憨夫	时镫	
彦倘	适夫		
彦俩			
彦伶	榆夫		
		时䛛	
	徯夫	时评	
	术夫	时亹	
	御夫	时璟	
彦仰	衢夫		
彦偯			
	薰夫	时煁	若瑑
	原夫	时顽	
彦倅	燕夫	时昺	
		时樠	
	涑夫	时树	

	彦侣	墀夫	时岊
			时峒
	彦倭	种夫	
	彦侻	孥夫	时钺
		字夫	时镩
	彦佫	挥夫	
	彦傻	藏夫	
武翼郎			
公寯	彦偃		
	彦价	锍夫	
公定			
公宥			
保义郎			
公穹	彦傔	嵱夫	时鉽
			时镰
	彦仉	屴夫	时鋻
		葹夫	时鍪

					公晟							
				秉义郎谅之								
				忠翊郎洛之	公逵							
					公迈							
				保义郎琦之								
				保义郎玮之								
				武德郎讷之	迪功郎公秝	彦布	篪夫					
					公元							
			荣国公叔混谥孝僖	右侍禁钦之								
				右侍禁								

镇之	公寿				
敦武郎镝之	承节郎公丕				
武翼郎钧之	承节郎公翼				
武功大夫、荣州刺史镐之	修武郎公勤	彦珉	钟夫		
			鏕夫		
			鍭夫		
		彦琭			
		彦琉	⿰氵暂夫	时燦	若畡
				时粹	
		彦⿰王兑			
			泽夫		
		彦傒			

			彦俊		
若讪					
若讷					
若许	时昅	隼夫	彦僮		
	时陷				
	时陶				
	时防				
	时澓	色夫	彦侉		
		雄夫			
	时鏻	雝夫			
	时邃				
	时稴				
	时造	维夫	彦倩	公祢	铭之
					武节郎
			彦晄		
			彦珈		
			彦堂		

敦武郎锐之	成忠郎公光	彦玺		
		彦璜		
	公宪			
忠训郎锘之	公祈			
	保义郎公袯	彦珌		
		彦玞		
		彦瑳		
		彦⿰王冓	浡夫	
		彦瑕	逮夫	
武翼郎銶之	公⿰王眷			
	公宏	彦湝	⿰钅奎夫	
	公宓	彦庥	裛夫	时鏊
			⿰虫仑夫	时袿

								忠翊郎
					埥夫			
					塎夫	彦钤		
						彦愿	公宥	
							承节郎	
				时镂	信夫			
					瀑夫	彦庞		
				时钱				
				时钒				
				时镉	墐夫			
				时琢	既夫			
				时玟	垂夫	彦庇		
					路夫	彦庶		
					仕夫			
				时珦	廉夫			
					熏夫			
				时襛				

锜之					
从义郎铎之	公祐	彦代	瓘夫	时偉	
			跣夫		
		彦檖	诳夫		
		彦清	晋夫	时塄	
			钖夫		
			诏夫		
	公祥	彦爆	价夫	时贤	
				时缔	若桄
					若杓
			社夫	时铖	
				时锞	
			墫夫	时继	
				时绖	
			墁夫		
		彦遵	墶夫	时瑨	

		俌夫	
	彦瓃	佯夫	时弃
公棋	彦璪		
	彦政	砊夫	时玑
		阖夫	
	彦滋	闹夫	
		垅夫	
		拝夫	
	彦燫	埵夫	
	彦𤆀	椛夫	
	彦烽		
		檄夫	
		楅夫	
	彦埈	檷夫	
		闶夫	
		阙夫	
公祈	彦宜	阔夫	

							僦夫					
					公祚	彦壃						
						彦实						
				武忠郎锭之								
			内殿承班叔锐	保义郎侗之								
				忠训郎约之								
				益之	公度							
				忠翊郎用之	公兴							
				保义郎勉之	保义郎公僎	彦袊	璐夫					
					公监							
					公昂							
					公昴							

			承节郎公孚	彦臬	
				彦郏	
	西头供奉官叔玢	左文林郎颖之	公授	彦傁	榉夫
				彦僮	椐夫
		修武郎顺之	公援		
			公择		
			公极		
	东头供奉官叔潛				
	右侍禁叔放				
东阳郡房国公					

公克聪	叔统谥恭	历阳侯询之	左班殿直公太				
			训武郎公俦	彦傞			
			赠武经大夫公侯	彦埂	頔夫		
					颢夫		
					预夫	时湝	
					颂夫	时升	
					[illegible]夫	时欘	
						时宁	若洋
							若治
				彦珍	合夫	时颢	
						时颀	
					品夫	时棉	
				彦瑞	僊夫	时森	若焠

			若橦	时楢								
			若照									
			若烟	时浙								
			若烻									
			若遒									
			若芒	时泮								
			若摹									
			若颢									
						彦瑜						
						彦珍	从义郎公价					
					庆夫	彦琰						
					超夫							
						彦琡						
						彦珪						
						彦琥						
							成忠郎					

					公信						
				供备库副使论之							
				西京左藏库副使植之	修武郎公撍	彦文	端夫	时清	若冲	嗣琳	
								时泰	若憓		
							洁夫	时寔			
						彦武	元夫				
							豫夫				
					忠训郎公授	彦哲	坦夫	时显	若淳	嗣俶	
										嗣偰	
									若澄		
									若溁	嗣倬	
										嗣偝	

			嗣僎	嗣传	嗣僃	嗣俦	嗣伦	嗣侗								
若溸	若澱	若沧	若渼		若珒		若玙		若濮	若涌						
时允		时良			时昭				时膺		时旦	时遭				
														彦恕	彦瑜	
													忠翊郎	公抃		
																贯之

		赠武翼郎诠之	训武郎公升	彦德		
				彦龙	致夫	
					寿夫	时峸
						时岕
			公旦			
			承信郎公昪			
	赠右屯卫大将军叔布	保义郎威之	公弼	彦赓		
			公强			
	济阳侯叔奢	左侍禁证之				
南康侯克备	遂国公叔封谥恭僖	武经大夫东之				

				赠武略大武略大夫仰之	保义郎公渥							
					从义郎公澄	彦亨						
						彦远						
						彦逌						
					忠翊郎公浚							
					赠训武郎公湜	彦初	来夫	时瑧				
								时蘼	若课			
							行夫	时琚	若沈			
									若轼	嗣陟		
									若优			
								时瑜	若铛			
									若钡			

			若钒									
				时千	全夫							
			若诵	时琇	懿夫							
			若词									
			若诲									
		嗣珪	若沖	时㬎	賓夫	彦熙						
			若澤									
			若泈	时冒								
			若湡									
			若淘									
				时嚞								
						彦章						
						彦奕						
						彦奇						
					铺夫	彦煴	公蟠					
					镄夫							
							成忠郎	修武郎				

	中之	公浩
	西头供奉官蒙之	
	武翊大夫肃之	公雅
		公权
赠左领军卫将军叔倪		
东平侯叔讹	赠左领军卫将军擒之	
	武功郎博之	
	左侍禁珏之	成忠郎公速

			若楯	若楱	若榛	若盼	若洮	若烈	若悠						
时措				时迒	时迳		时珍	时肅	时赞	时质	时赋	时则		
翰夫	懕夫				渐夫			裔夫				宪夫		
彦端	彦𬍛											彦翊	彦彧	彦亢
保义郎公寿														从义郎公瑟

							嗣滨	嗣茔								
							若郰	若郲	若渌	若蔼		若樸	若伉	若仔	若杲	若寀
					时浛			时昌		时镈	时侊			时苑		时觐
				谓夫	学夫						莘夫					
				彦赠	彦悛	彦工					彦遵					
承信郎	公侑	公仪														
忠翊郎		悟之	敦武郎													

靖之	公迁	彦弼		
	承信郎公遂			
	承信郎公遥			
	承信郎公近			
修武郎孝之	赠武郎公福	彦谴	达夫	
			遣夫	时似
		彦蕃		
		彦旹	积夫	
			稷夫	
			价夫	
		彦督	岑夫	
			艻夫	
			耑夫	

			彦讷	俨夫	
			彦谏		
		公祥			
	忠翊郎	保义郎			
	茂之	公璜	彦许		
			彦这		
		公旦			
广平侯	奉议郎	承节郎			
叔岘	进之	公蔼	彦和	忞夫	
		忠谏郎			
		公蒲	彦稢		
			彦秬	润夫	时棨
				中夫	
	承义郎				
	剸之				
	中大				
	夫、直	将仕郎			

彦塈
彦坣
夫公绍 彦壂
朝奉大
之 公骧
大夫成
左朝散
公伉
公仁
公佐
公僮
公儃
公亿
将仕郎
公倚
之 将仕郎
秘阁将 公位

		迪功郎公绪		
	修职郎觐之			
左侍禁叔晓	秉义郎杲之	承节郎公亘	彦曜	泽夫
				沂夫
			彦旼	源夫
				渔夫
				清夫
				润夫
				汉夫
		公矩	彦晔	
	敦武郎挺之	秉义郎公吁	彦俊	定夫
			彦偵	
			彦儆	安夫

			彦倍	塞夫	时筒
					时雄
		忠翊郎公颙			
		公硕			
		公频	彦俦		
			彦倞		
			彦侈		
武功大夫叔棇	成忠郎徽之	训武郎公韡	彦祜		
			彦祐		
	武经郎律之	公琰			
		武翼郎公琅	彦禣	檝夫	
			彦褐		
			彦禋		

									棣夫	
			彦泄	彦泓	彦溥	彦满			彦杨	彦禬
承信郎	承信郎公玦	承秉郎公珥		成忠郎公瑶		从政郎公玩		保义郎公瑰		
						秉义郎衜之	忠翊郎御之			

	公玢		
			右侍禁叔赉
			武翼郎叔岐
		俅之	敦武郎叔崤
		伸之	
		保之	
			武翼郎叔峻
			武翼郎叔力
	公璋	武翼郎似之	修武郎叔崦
彦祥	修武郎公佩	从义郎俅之	

扰夫	柄夫							达夫	道夫		赣夫	汜夫	淖夫	源夫	涧夫	
	彦访								彦梫	彦樀					彦柭	彦礼
	公瑅	秉义郎	公琳	公琬		公琟	公珂									
				保之	承节郎											

								振夫						措夫	摠夫	操夫
		彦议	彦讥	彦諹	彦诰	彦讦	彦谭	彦诊	彦𫍙	彦諿	彦谅	彦讲	彦该			
承节郎	公珏															

	彦祏		
彤夫	彦袜		
渊夫	彦祓	公玩	
		保义郎	
	彦补		
涯夫			
泒夫			
汰夫	彦视	公瑾	
		成忠郎	
		公璟	侑之
			承信郎
			修之
			信之
	彦谥		
	彦诏		
授夫			
拯夫	彦训	公璘	

武经郎叔颙	敦武郎倢之	公倖	彦宷	棗夫
				璋夫
				瑱夫
		公莛	彦[illegible]	
			彦穀	
			彦寀	
敦武郎叔崤				
	倚之			
	俟之			
			彦祉	
			彦禆	
		保义郎公环	彦祥	
			彦襦	
			彦[illegible]	

				森夫	品夫	吉夫										
彦宿			彦宁	彦朸	彦蛈	彦弜	彦糠	彦玗			彦汧				彦伛	彦僅
	公迷	从义郎	公迅	公逾					公迢	成忠郎	公遴	从事郎	公連	公逖	公游	
		从义郎	辛之											介之		

	公逡		
	公逴		
彦晨	承信郎公稑	忠训郎聿之	
彦鞞	公穑		
		恬之	
		将之	
			秉义郎叔[illegible]
			右侍禁叔嶰
		泰之	武翼郎叔[illegible]
	承信郎公軿	修武郎球之	
	公轍		
	公辀		

				恭之	公轲							
		祁国公克杨	右监门率府率叔闻									
			武节大夫叔图	忠翊郎善之								
				唐之								
				变之								
				居之	公俊							
				哲之								
				吉之	公尧							
					公圭	彦漯						
						彦滽						
					公橐							
		太子左内率府副率克										

	遂	
	常山侯克爱	太子右内率府副率叔𫍰
		左班殿直叔珠
		左侍禁叔磷
南阳郡公承拱	太子左内率府副率克就	
遂宁郡公承衎	舒州防御使克勋	
	左武卫	太子右

		大将军克谐	内率府副率叔间									
			华原郡公叔汝	左侍禁听之	忠训郎公悬	彦章						
						彦辛						
						彦学	琼夫	时立				
							闳夫					
					公愿							
					承信郎公惠							
					承信郎公愬							
				东头供奉官顺之	武翼郎公懋	彦修	瑞夫	时麟				
								时宣				

						时谆	时春	时智						时新	时融	
				珩夫	肆夫			玢夫		琗夫	巘夫	遗夫	正夫			珫夫
			彦仍					彦俅	彦偕							
成忠郎	公悆	成忠郎														
	遵之	秉义郎														

临夫	宰夫	卓夫												荡夫		
彦申			彦峻	彦靖										彦奎	彦奔	
公恕					忠翊郎	公悫	公意	公惄					训武郎	公衮		忠翊郎
									承事郎	仟之	承节郎	俌之	从义郎	明之		
													广平侯	叔凤		

					公寁	彦宏	力夫					
				修武郎用之								
				忠训郎辅之								
			河内侯叔邢	三班奉职和之								
				三班奉职僖之	承信郎公靓							
				赠朝散郎钦之	承节郎公友							
					武翼郎公太	彦速	峈夫					
						彦扬	岦夫					
						彦从	茁夫					
					承节郎公本							

				忠训郎遹之	从义郎公覗	彦鄣						
						彦邴	沭夫					
				成忠郎拱之	承信郎公禄	彦俦	叙夫	时盖				
								时濡				
							效夫	时离				
						彦储	敌夫					
							畋夫					
							枚夫					
							收夫					
						彦俑	敛夫					
						彦伉	敷夫					
						彦俘	[illegible]夫					
					公常							
		赠左领军卫将										

陈国公承锡谥荣僖	军克省	叔郑		
	华阴侯克告	建安侯叔陶	武翼郎保之	公翚
				公翼
				公习
			武翼郎伋之	
			三班奉职传之	
			忠训郎修之	
		太子右内率府副率叔翊		
		武经大	保义郎	

夫叔菁	端之				
	成忠郎询之				
右侍禁叔鏊					
西头供奉官叔尚	承节郎相之				
	敦武郎枢之	公亮			
		公耑			
		忠训郎公弁	彦骊		
右朝议大夫叔霭	承节郎谊之	秉义郎公涓	彦宇	楷夫	时炽
					时煴

												时资	时贯
榛夫	璥夫	珈夫	璪夫			宪夫	恭夫	裕夫		拱夫	棠夫		槐夫
彦昙			彦華					彦羔	彦安				
			赠从义郎公侈	公濡	修武郎公渭			承节郎公渊					
					训之								

			楎夫
			栎夫
		彦[王皋]	寀夫
			[宀号]夫
		彦旻	
		彦昺	澂夫
			溶夫
			洽夫
			洵夫
			潜夫
		彦熺	囦夫
			圆夫
赠中奉大夫诜之	朝请大夫公颐	彦俟	洐夫
			濇夫
			淳夫

涗夫	彦倩		
	彦熔		
	彦逯		
	彦儋		
佐夫	彦适	通议大夫、宝谟阁待制公豫	
佑夫			
悉夫	彦汻	朝散大夫公升	
忠夫	彦凋		
	彦沶		
怀夫	彦退	承节郎公纪	忠训郎咏之

								僓之				
							公度保义郎	价之				
								杰之秉义郎	叔键武经郎			
								诱之				
						彦珍						
						彦玽	公仕					
							公侄承信郎					
						彦旦	公俯保义郎	谨之秉义郎				
					倠夫							
					伩夫							
					男夫							
					异夫							
					倬夫							

武翼大夫叔船	承节郎俊之			
	承信郎侃之			
	忠训郎持之			
	保义郎择之	武翼郎公柄	彦侪	
			彦他	
			彦佸	
			彦仟	
			彦𫢸	
			彦倰	
			彦僙	
		修职郎公柳	彦佪	
			彦健	奎夫

井夫			
	彦伸		
	彦得		
	彦俨		
		承信郎	
	彦偕	公桐	
	彦仁		
			秉义郎
		公柯	伪之
葱夫	彦禅	公枘	
	彦柯		
邴夫	彦礽	公柷	
祁夫			
卿夫			
	彦祺		
	彦桂		
			承信郎

				拟之	公棣	彦洽
						彦瀛
					公松	
					公桶	
				振之	公极	彦烋
						彦勋
			左班殿直叔楷	恂之	公守	
				忠翊郎东之	保义郎公杰	
		淮阳侯克辟	太子右内率府副率叔舍			
		昌国公克疆	武经郎叔翻	从义郎厚之	公谊	
		襄阳侯	赠左太			

		克禀	中大夫叔挚	辅之			
				朝议大夫充之	右从政郎公泌		
					公问		
					右文林郎公黯	彦熹	
					右修职郎公鉴	彦钧	铨夫
					朝请郎公植	彦极	
						彦相	
					承信郎公稷	彦程	
				忠训郎修之	忠训郎公琢	彦梅	嵢夫
						彦栎	[山乐]夫

峭夫	巇夫	岘夫	崌夫	谦夫		栾夫	汎夫			
	彦樛		彦梗	彦楯	彦枌	彦桎	彦枘		彦校	
				训武郎公瑨	从义郎公玗			公琏	秉义郎公璄	
										教之
										朝奉郎叔玽

右朝请大夫叔迢	成忠郎懿之	忠翊郎公禩	彦[illegible]
		承信郎公禚	
	立之		
朝议大夫叔仔	泽之		
左班殿直叔篆			
武翼大夫叔仪	修武郎辉之	武翼郎公孝	彦鸿
			彦浤
			彦沵
			彦川
		武信郎公观	彦豫

		钤夫	钿夫					
		彦壶						
公正		成忠郎公岫		承信郎公琠	公珠	公森	公蟠	
		从义郎淦之		从义郎仔之	秉义郎	偕之		秉义郎
	秉义郎叔峻	武翼大夫叔敳						
左领军卫将军克憏	赠左卫大将军克佑							

		仟之	公寿		
			公彌		
			公奇		
	忠训郎叔璠				
	右班殿直叔珍				
	忠训郎叔瑄				
婺州观察使克略	左禁卫叔忍	忠翊郎禧之	承节郎公缉	彦纮	珴夫
					汀夫
					禔夫
					祴夫
			公绾	彦嵲	
				彦岠	

						榉夫										
彦屹	彦岳	彦巘	彦玙	彦淮	彦泳	彦涺	彦浒									
				公绮				公纬								
									祺之	祉之				袖之		
											左班殿直叔慧		武经大夫叔愬		修武郎叔恐	

公篴　公遁

櫕之

忠训郎叔憼　宣教郎叔宪　左班殿直叔志　忠训郎叔愈　成忠郎叔輾　成忠郎叔渊　成忠郎叔畢　成忠郎叔佀

安康郡公克家	右班殿直叔珛			
	朝请大夫叔璚	僎之		
		份之		
		伦之		
	朝请大夫叔玠	忱之	公恢	彦质
			公抃	
		从政郎佚之	公辅	
			公佐	
			公弼	彦迁
				彦迈
				彦远
			公明	
	左班殿			

直叔珪			
右班殿直叔瑞			
忠训郎叔琮			
武翼郎叔玗	右迪功郎亿之		
	文林郎伟之	公勣	
		公勤	
		公能	
	承议郎侃之	公楫	
		公镐	彦殊
	左文林郎偁之	承信郎公美	彦英
	从政郎		

	伸之	公正	
	朝奉郎俅之	迪功郎公高	
		公亮	
		公亨	
	从事郎僖之	公璟	彦济
			彦涣
			彦昊
		公篆	
		公瑀	
	伜之	公策	
	忠翊郎俊之	保义郎公籈	
		公范	
忠训郎叔劘			

武德郎叔赟	朝散郎像之	迪功郎公抡	彦云
			彦徵
		迪功郎公括	彦減
		公折	
	朝散大夫俨之	修职郎公采	彦洇
			彦凄
			彦兰
			彦澡
			彦洙
		公握	
	奉议郎仚之	公掖	
	忠训郎俶之	公扶	

				彦澹												
公抑			公擢	公提		公揄			公择	公棅	公捎	公拱	公抚	公搖		
	杰之	忠翊郎	俭之		保义郎	偃之	任之	修之	依之			偲之			倣之	傃之

	仍之
成忠郎	叔嵸

宋史卷二三七

表第二八

宗室世系二十三

广陵郡王房

广陵郡王德雍谥康简	南康侯承睦	河间侯克顺	太子右内率府副率叔庚										

	高密郡公叔拔	左侍禁焕之	
成国公克戒	温国公叔杲	太子右内率府副率砥之	
		右监门率府率效之	
		西头供奉官谨之	公谡
		西头供奉官讽之	公聚
	河州防御使叔	赠显谟阁待制	

縠	纪之					
	右班殿直诲之					
	承议郎咨之					
建国公叔满	朝议大夫谈之	公霖				
	左侍禁谥之					
	赠武翼郎咏之	赠中散大夫公震	彦翱	畊夫	时从	若秘
						若档
						若柗
					时诵	若樌
						若梲
						若穟

								时璟				
							畯夫	时诵	若□			
							藧夫					
						彦翔						
						彦翻	陉夫					
							齐夫					
							阡夫	时乔				
			洋国公叔涉	三班奉职谞之								
				三班奉职龄之								
				赠朝议大夫诜之	保义郎公雅							
					公迈							
					赠奉议郎公维	彦怀	虬夫	时丰				

				若键	若釬	若鑽	若銶	若璲	若濮	若溥				若锈		
时对	时峃	时菂		时廪				时庚	时庞		时扛	时珇	时胁	时庇		时廛
蚴夫	蜿夫		蚖夫	棠夫							寯夫	寠夫		仙夫	傍夫	伐夫
				彦踠										彦驯		

							岱夫	时庚						
								时扂						
								时⿸广脊						
							倪夫							
							仆夫							
							仙夫	时煠						
					公佳									
				朝请郎详之	赠朝议大夫公迴	彦骏	国夫	时恢	若⿱竹宋					
								时均						
								时悕						
						彦驎	⿰木点夫							
							渠夫							
							采夫	时戭						
								时⿰火芾						
				三班奉										

														若偻
						时霣	时䨣	时霏						时茈
			矩夫		淥夫	汭夫								揎夫
			彦敦		彦聪								彦琮	彦琎
			公暧	公羲	训武郎公斐							公悦	公愦	
职逦之	三班奉职䜣之		武经郎蹈之		秉义郎巛之				忠翊郎彦之		奉议郎许之			
											右侍禁叔憝			

					时容
				援夫	
			彦瑀		
	武翼郎泽之	公恢	彦贤	烨夫	时钚
				燿夫	
		公什			
		公愉			
内殿承制叔埒	忠翊郎诰之	公远	彦翔	威夫	时咮
				趯夫	时遭
					时慈
				冑夫	
				猎夫	
				衙夫	
				震夫	
			彦翊	御夫	

							栗夫					
							弁夫					
						彦颎	嵥夫					
						彦翽						
			赠敦武郎叔恣	赠武功大夫诲之	赠武节郎公刚	彦徊	洞夫	时庄				
							渫夫					
							涚夫	时揆	若均			
								时檵				
							淞夫	时槚				
							泸夫	时稷				
							浐夫	时瓀				
					公则							
				秉义郎谊之	赠朝议大夫公勤	彦佩	淴夫	时劢				

若抡			
若授			
若挥	时鑱		
若抚			
若滨	时埂		
	时晋	悉夫	彦儦
若锤			
若铪			
若镬			
若钎	时垌		
若橼			
若欋			
若桻	时垷	宪夫	
	时瑨		
	时瑄		
若埜			
若屋			

							㥠夫	时瑮	若綨			
									若紶	嗣冻		
								时毂	若氲			
								时遂				
							憺夫	时瓒	若橎			
								时瑢	若僪			
									若偩			
							恁夫	时玫				
				谞之								
			武德郎叔缨	成忠郎诩之	公翃							
				评之								
				承节郎诵之								
		右清道率府率克协	东平侯叔颐	太子右内率府副率牢								

				之								
				镇阳侯择之	公益							
		南康侯克凝	洋州郡公叔滄	太子右内率府副率袚之								
				文安侯十之	保义郎公廉	彦瑜	永夫					
					公滋	彦瓛						
				赠朝奉大夫明之		彦鼎	正夫	时刁	若瑧			
									若玻	嗣洪		
									若瑨	嗣润		
										嗣潗		
									若瓛	嗣浄		

		嗣淙										
				时每								
				时举								
								左侍禁				
							公竦	鲤之				
				时遨	谆夫	彦缘	忠训郎公端					
				时遴	谞夫							
			若槽	时迢								
			若神									
						彦绛						
				时莘	寐夫	彦纪						
				时苾								
				时瓓	宥夫							
					篆夫							
						彦纶						
						彦经						

	彦綵	讯夫			
		砺夫	时焕	若鲁	嗣璘
			时⿰口敞	若音	
			时钦	若普	
				若旨	
				若习	
		⿱龹石夫	时檝		
			时樋		
		碗夫	时嵱	若雯	
				若霆	
			时屽		
成忠郎公竚	彦绩	宽夫	时倡		
			时佸		
			时僚	若偯	
				若梐	
			时侙		

								时潆	若燊			
							宅夫	时倗				
								时什				
								时佀				
				右侍禁界之								
				赠朝请大夫赉之	赠太中大夫公懋							
						彦范						
						彦真	廉夫	时罿	若忻			
							寀夫	时哲	若但			
							寯夫	时环				
			奉化侯叔晰	太子右内率府副率辨之								

		太子右内率府副率愔之				
		三班奉职德之				
		武翼郎兴之	公鼎			
		异之				
安陆侯克伸	右监门率府率叔覇	赠通议郎却之	武经郎公度	彦瑛	儒夫	
					檀夫	时取
					亶夫	时永
						时亨
						时安
				彦瓌	南夫	

	次玿															
嗣㮚	嗣横	嗣权	嗣榛				嗣寔	嗣熺								
若潦	若湨		若潘		若湋	若濡	若溎				若锬					
时元				时礼	时觊		时颜		时广	时向	时奎					
訔夫												古夫	筭夫	芸夫	节夫	璞夫
													彦玥		彦琦	

	彦瓘				
训武郎公权	彦祁	猷夫	时潽	若瑶	嗣概
					嗣槐
				若璨	
			时浩	若珅	
		衎夫	时满	若谊	嗣维
				若谌	
				若谔	
				若諴	
			时赫	若楪	嗣湑
				若树	嗣宁
					嗣蹇
				若檦	嗣绶
					嗣綎
			时阊		
			时帅	若涏	嗣钮

					若潘	嗣阵
						嗣陼
				时猛		
			昭夫	时赓		
		彦禧				
		彦福				
		彦祚				
		彦禄				
		彦祐				
赠武节郎荐之	保义郎公纮	彦珪				
	赠朝请郎公绶	彦辅	朝夫	时才	若秘	
		彦弼	衮夫	时滂		
				时涑		
武翼郎訔之	公达					

	公远				
	公述				
	公近				
	公迪				
	公郸	彦约			
右中奉大夫永之	公久	彦光			
		彦辉	晦夫	时宏	
				时畯	
			謇夫	时良	若河
					若循
			睿夫	时皓	
				时童	
				时玘	若枞
					若杆
					若经

					公圭							
				修武郎涣之	公常							
					公麟							
				忠训郎戬之								
			太子右内率府副率叔烦									
			右监门率府率叔贺									
		昌国公克汇谥良安	太子右内率府副率叔然									

			高密郡公叔纳	左侍禁坚之								
				琦之								
				从善郎琠之	承信郎公泽	彦奭						
						彦奕						
						彦[角皆]	棣夫	时极				
					公涣							
					公渐	彦[illegible]	钎夫	时霆				
								时[雨否]				
								时[雨飞]				
						彦奇	[钅石]夫					
							镃夫					
							[钅黎]夫					
					公宾							
	原国公承炳	通义侯克咸	太子右内率府									

			副率叔都建国公叔獳	赠通义侯援之	武经郎公正	彦曹	儁夫	时合	若圭			
									若珍			
									若琟	嗣鍱		
										嗣暿		
									若城			
								时会				
							佖夫	时盛				
								时善				
								时壝				
								时耕	若升			
							侊夫	时菁				
								时奋	若玡			
									若珈			
									若琁			

													若铤	若镛	若鉊	
								时徫	时径	时俫	时便	时仡			时伾	时贾
		铁夫													悰夫	偰夫
	彦南	彦巽		彦臣												
		公汇	承信郎	公懋	承信郎	公昌										
从义郎						总之	武翼郎									

捧之	公荚	彦微	介夫	
			企夫	
			全夫	
保义郎拮之				
成忠郎挥之	公辅	彦藻	玭夫	
			碧夫	时裪
				时褶
		彦深		
	公信			
	公弼			
保义郎抚之				
承节郎扮之	成忠郎公茔	彦山		
		彦芳	玢夫	

							現夫					
						彦坔						
				敦武郎抡之	修武郎公𬤊	彦偬						
						彦[illegible]	琾夫					
						彦倡	珑夫	时芹	若派			
								时蓍				
							暨夫					
						彦佩						
					公谋							
					公谌							
		崇国公克惧	彭城郡公叔琥	赠秀州观察使宝之								
				武德郎睽之	公俊	彦怿	仁夫	时儴				
								时玲	若[illegible]			

									若谆			
									若讻			
									若訧			
								时搢				
								时撰	若偹			
									若㑳			
						彦恰	温夫					
								时徦				
								时任				
						彦赐	溥夫	时垓				
								时袭	若珊			
									若鑵			
								时增				
							法夫	时瓘				
								时绰				
								时缙				
								时缵	若镓			

	湰夫	时标	若璙	
	沃夫	时寀		
彦闵	浚夫	时宅	若璨	
		时御	若榇	
			若𬤊	嗣忞
				嗣悫
			若䜣	
			若暮	
			若谢	
			若哗	
		时同	若埴	
			若墺	
		时泉		
		时彰		
		时语		
		时𬣳		
		时游	若樠	

								时源				
							炳夫	时务				
						彦帅	耕夫					
							俭夫	时秭	若纲			
									若镃	嗣沐		
							惚夫	时璱	若憙			
									若懯			
									若愬			
									若忝			
									若恥			
							迂夫	时莅	若鏕			
						彦由						
						彦扎						
					公平							
				左班殿直捷之								
				右班殿								

直堤之	公讷				
右班殿直拭之	公佐	彦怿			
		彦忱			
	公杰				
东头供奉官晫之	公建	彦晦	性夫	时儵	若溪
					若湲
					若汸
				时播	若沆
			愉夫		
			怵夫	时傔	
				时僷	
				时侁	
				时儀	

								时僱				
						彦俠	怅夫	时儆	若第			
								时僬				
							愃夫	时傑				
								时俐				
								时倏				
						彦嶲						
						彦民						
				武翼郎曦之								
			右监门率府率叔环									
		冯翊侯克觃	太子右内率府副率叔瓒									

太子右内率府副率叔祀					
太子右内率府副率叔歠					
博陵侯叔兄	左班殿直祥之	承节郎公勋	彦以	恂夫	时纯
					时诲
					时迈
				竑夫	
				端夫	
	福之				
	武翼郎禧之	公劢			

	赠在散大夫公骥	彦深			
		彦玙			
		彦助			
			忻夫		
承节郎裕之	训武郎公瞻	彦尽	逵夫	时畹	若汯
					若㴼
					若涫
					若澍
				时畴	
				时畦	若仳
			湉夫		
		彦党	道夫	时佰	
				时伶	若镘
					若钺

									若销			
								时湲				
								时像				
							麒夫	时戣	若垺			
									若墙			
								时戡	若⿰土列			
									若墀			
								时戠	若坂			
						彦强						
					承节郎公怿	彦弸	僔夫	时企	若沠			
									若渫			
				祐之								
				左朝奉大夫禴之	右迪功郎公艻	彦逊	和夫					
							仳夫					

			彦逷			
		右迪功郎公旹	彦逊			
赠左武卫大将军、荣州团练使叔逵	三班借职修之					
	赠武义郎祐之	训武郎公立	彦球	俪夫	时诶	若鍑
						若錝
					时谟	
				俌夫		
				偈夫	时泆	
					时浄	
					时浣	
					时添	

若桥	若借						若泿	若溇								
时汎	时宬	时宓	时江	时沂			时榑	时榆	时榛	时朴						
		傚夫		侣夫	仍夫	偲夫				侄夫	徒夫	伳夫	俯夫	微夫	便夫	僅夫
		彦珢			彦玠	彦璋				彦玶					彦璿	

		公瑾	彦立		
			彦谨		
		公海			
	左迪功郎仰之	公求	彦诒		
			彦愿	愠夫	时榱
					时梼
			彦忽		
			彦恩	愤夫	时樱
					时栟
			彦愈		时檬
河内侯叔佾	右班殿直裕之				
	右班殿直禄之				
	三班奉职祚之				

	褆之					
	敦武郎禥之	公亨				
		公高				
		从义郎公言	彦枅			
			彦椹			
			彦琭	钒夫		
		公褰				
		公卞				
赠武翼大夫叔奖	武翼郎通之	宣教郎公庆	彦慈	綦夫	时汜	若明
				绳夫	时瀚	
					时潽	若溙
						若璥
						若瑶

嗣谏																
若瑳	若瓗	若璄	若玙	若悊	若息	若懃	若𢘅								若铸	若鐄
时显			时浤	时倚				时佃	时佼		时迦	时犕	时造	时衙	时俄	时借
				繇夫						桯夫	缉夫				纥夫	
				彦胄						彦皋						

	时衒	绹夫	
	时偦		
	时傸	纁夫	
	时倯		
	时伷		
	时欋	紃夫	
		𫄨夫	
		絪夫	
	时傒		
若柔			
若憁			
若濮			
若镤	时代		
	时梾	𫄚夫	
	时𫢸		
	时傋	缜夫	彦夔
		䌹夫	

	若𬭸	若揲														
时作	时佪	时儋														
	绖夫	纺夫					𦈡夫	绿夫	缓夫	绚夫	𦈕夫	纩夫	缔夫	绞夫		
							彦府			彦库					彦咝	彦畤
						公磨	公縻								公禧	
			永州助教道之		秉义郎迁之											

						彦喻						
						彦嘈						
						彦咈						
						彦咊						
		冯翊侯克偕	太子右内率府副率叔尼									
			严州观察使叔堵	武翼大夫宜之	承节郎公明	彦仃	康夫	时材				
								时梅				
						彦付	疥夫					
							痌夫					
						彦徕	瘆夫					
							麻夫					
						彦俅						

	成忠郎公暐			
	武翼郎公曚	彦衍	廉夫	
			麻夫	时偲
		彦冲		时俫
	保义郎公曈			
赠太中大夫宗之				
	赠太中大夫公颙	彦绨	仙夫	
			衡夫	
			俆夫	
		彦缙	循夫	
			僎夫	
			侁夫	

	公禧		
	公祥		
秉义郎宁之	公祺		
		彦组	
		彦绾	澂夫
		彦统	
		彦纡	潩夫
	赠正奉大夫公硕	彦纾	浚夫
		彦纲	祉夫
			徧夫
			徜夫
			径夫
			徥夫
		彦绘	彧夫

渟夫				侍夫							恙夫
彦球		彦纲	彦纪	彦结						彦筒	彦湎
忠训郎公倚	公衙	公信			公伟			公谊	公谌	公谟	
武经郎宥之						成忠郎宪之		敦武郎先之			
							右武威大将军康州防御使叔瑾				

较夫	彦弦		
	彦昭	公訚	
斐夫	彦刚	承节郎公石	
翊夫	彦盍	承节郎公原	
沄夫	彦典	公愈	忠翊郎光之
	彦稵	公惠	承节郎尧之
			保义郎见之
			承节郎亢之

南阳侯叔砺	武翼大夫通之	公泽	彦⿰禾共	锐夫
				铳夫
				扃夫
		赠武德郎公抃	彦⿰木专	
			彦栻	雄夫
				捷夫
				慊夫
			彦摅	瑕夫
			彦饬	⿰土登夫
		从义郎公沛		
	忠翊郎道之			
	赠武翼大夫遵	赠中奉大夫公		

之	芾	彦极	置夫	时授
				时云
		彦振	宙夫	
		彦播	绛夫	
			忿夫	
			表夫	
			徽夫	
			纶夫	
			是夫	
		彦梃	宁夫	
			寓夫	
			涌夫	时修
			灏夫	
	公佖			
	公侃			
敦武郎逞之	公旻			

	保义郎速之		
	忠翊郎这之	公政	
		公详	
	远之	公裳	彦池
			彦波
		公霁	
		公棐	
济阳侯叔途	右侍禁端之		
赠敦武郎叔赋	赠武节郎浚之	武经郎公清	彦咊
			彦奋
		公兴	
武德郎叔缓	忠训郎海之		

			承节郎诚之			
			修武郎诱之	公迺		
				公达	彦鼐	
					彦鼎	
				公进	彦照	钦夫
						铎夫
				承节郎公邃	彦荣	
	太子右内率府副率克权					
乐平郡王承亮谥恭靖	赠崇信军节度使克冲	淮阳郡公叔廉	武功大夫昱之			

										时俦		
	黼夫		莅夫	蓁夫				厉夫	愚夫	绍夫	该夫	约夫
	彦深	彦溥	彦浩			彦淑	彦盼	彦腾		彦朋		
	保义郎公镇				承信郎公铢	修武郎公鉴						
三班奉职晏之	忠训郎曼之											

		彦股	柱夫	
			洋夫	时铸
		彦腴	隆夫	
	公铸			
赠朝议大夫望之	左朝散郎公白			
	赠宣奉大夫公泉	彦将	亚夫	
			良夫	
			播夫	时佐
				时升
				时仰
			搏夫	时杰
		彦卫	黔夫	
			磻夫	时伸

	时搢					时璬		时琣				
洙夫	淙夫	添夫			常夫	钺夫		踦夫				
彦衍	彦衎		彦术		彦震		彦霰	彦霖				
				公儿	赠训武郎公适				承节郎公逌			
					成忠郎冒之					承节郎易之	承节郎东之	武功郎

	明之				
	敦武郎受之				
信国公叔昳谥荣敏	高密侯矢之	修武郎公泽	彦俣		
			彦修		
		武经郎公济	彦因	钧夫	时立
					时亨
			彦固	明夫	
		从义郎公润	彦兴		
			彦和		
		公泳	彦适		
		忠翊郎公溉	彦仁		

	时发	迖夫	彦任		
	时显	通夫			
			彦伟		
				承节郎公净	
				保义郎公满	
				承信郎公世	
				赠濠州团练使	安阳侯逊之
若洙	时拱	慥夫	彦夔	公言	
	时孜				
	时敷				
		谦夫			
若拙	时泽	圭夫	彦老		
		逵夫	彦履		

时偖	时俣	时位	时传						时悦	时淳	时齐	时衮
善夫		署夫						明夫	赣夫		炁夫	
彦信				彦瑞			彦骑	彦常				
					修武郎公衮	秉义郎公亶	赠武经大夫公彦					

			时毫
		[illegible]夫	
		愖夫	
		悊夫	
		[illegible]夫	
		[illegible]夫	
	彦纪		
	彦䌹		
	彦鼌	寍夫	
修职郎公变	彦英	烜夫	时珍
		璄夫	时仙
			时伣
			时倬
		藹夫	时克
	彦俊	迨夫	
		宣夫	

彦褱

彦烝

忠翊郎公元

赠武德大夫仲之

公绶

武经郎公绰

彦衮

彦东

彦隆

彦芳

彦埛　同夫

彦柔

承节郎公阜

赠武德

大夫眷之	武翼郎公宪	彦洸	⿱人疋夫	时髦
			倧夫	
			孯夫	时赟
			弻夫	
			琹夫	
			喆夫	
	公绅			
左侍禁牧之	公彪			
左侍禁益之				
赠武义郎晋之	公训			
	承信郎公诚			
	训武郎			

梃夫　郑夫　还夫　褫夫
彦適　彦游　彦迈　彦远　彦逞　彦逈　彦遐
朝奉郎　赠宣教郎公恪　公许
赠承议郎道之　德之　左殿直约之　颐之　敦武郎东之　保义郎

公懘	彦谅	仁夫
		傜夫
		儦夫
	彦迪	
训武郎公侙	彦迟	
	彦邅	
承节郎公慥	彦伐	
保义郎公性	彦遝	
秉义郎公愓		
训武郎公恃	彦遞	仢夫
		钥夫
公忬	彦逅	

		夫忠	夫怂	夫⿱王心	夫悆	夫愈	夫恕	夫憝	夫⿱费心	夫蕙		夫悬	夫憲
		彦遲				彦逡					彦汜	彦遨	
		保义郎公瑾											
三班奉职旷之	三班奉职光之	秉义郎扩之											

		彦逵			
		彦迺			
			秉义郎公诹		
			承信郎公琣		
			承信郎公玠		
时旸	鼎夫	彦芮	训武郎公悦	三班奉职升之	嘉国公叔皮
		彦褀	武经郎公识		
		彦英			
		彦艾			
		彦琦	修武郎公辅	东头供奉官昇之	

						彦玼	⿰衤修夫					
							骧夫	时畅				
						彦焕						
				修武郎								
				景之								
				内殿崇	保义郎							
				班异之	公敞	彦缊	侑夫	时玕				
							俭夫					
						彦绥	僎夫	时兴				
								时誉				
							俪夫	时万				
								时亿				
								时兆				
							份夫	时椿				
						彦𬘡						
						彦续	倬夫					
						彦纭	杰夫					

承信郎公玟

成忠郎晃之
髟之
左班殿直旻之
昌之
秉义郎晏之
从义郎昪之
赠武功大夫昪之
从义郎通之
晁之

				修武郎暹之								
				赠秉义郎果之	公持							
					忠训郎公称	彦稼	颜夫					
							曾夫					
							邅夫					
							闵夫					
						彦种	端夫					
				忠训郎昙之								
				忠翊郎是之								
				忠训郎昂之	公懋							
					训武郎							

粢夫	彦菖		
	彦茷	从义郎公谌	忠训郎昷之
			晗之
		公举	敦武郎縣之
		公廉	
		公康	
	彦稵		
	彦禓	公瘆	承信郎晟之
		公靡	忠翊郎勛之
	彦泩		
	彦濂		
雄夫	彦澤	公膺	

	彦蒉	彦若	彦茵	彦蓍						彦昭
公谏	承信郎公讱						公仔	公明		保义郎公寲
					求之	左侍禁宪之	秉义郎舜之	左班殿直微之	绶之	修武郎涝之
					安康侯叔昊					

						彦砥						
						彦恩						
					保义郎							
					公傒	彦晔						
						彦旴	堣夫					
						彦晪						
					承节郎							
					公霖	彦堲						
					公仱							
				璘之								
			魏国公	忠翊郎								
			叔莪	翊之								
				武翼大	保义郎							
				夫仁之	公憲							
					承信郎							
					公慗							
					朝议大							

					夫公愈	彦潾	诠夫	时誉				
							谭夫					
						彦邈	诏夫					
						彦涯						
						彦建						
					公建							
					公逸							
					公邈							
					公逊							
				从义郎								
				仪之								
				成忠郎								
				侑之								
				佟之								
				价之								
		魏国公	太子右									
		克愉谥	内率府									

文思	副率叔发					
	魏国公叔才	赠左卫大将军负之	成忠郎公绶	彦碓		
			修武郎公纯	彦傅		
			公和			
			公翼郎			
			公绅	彦侁	源夫	时迈
				彦仍	渊夫	
				彦伋		
			武节郎公绪	彦修		
				彦纶		
				彦伷		
				彦僖	浚夫	

	朝奉郎公绸	彦傣	诺夫	
		彦俟	瀝夫	
			滮夫	
			沛夫	
			淠夫	
		彦俨	瀚夫	
		彦苍	信夫	
		彦佛		
雄州防御使象之	忠翊郎公缙	彦寿		
		彦棋	芳夫	
			钦夫	时举
			岩夫	
赠右金吾卫大				

				将军资之								
			温国公叔董	右监门率府率淪之								
				修武郎温之	公颜							
					从义郎公岳	彦羴						
						彦伏	瑫夫					
					公道							
				右侍禁伉之	保义郎公荣	彦珕	朋夫	时佐				
								时佑				
							澄夫	时伟				
							洪夫					
				从义郎	秉义郎							

		彦逌		
		彦迹		
		彦送		
		彦遵	公言	
			秉义郎	
		彦迈		
	夫堂			
	夫桧	彦梼		
	夫玿			
	夫瑛	彦翥		
	夫彫			
时杞	夫倘			
	夫彰	彦朕		
	夫珑			
	夫璙			
	夫瑢			
	夫珏	彦翰	公位	麟之

				珉夫							
彦迒		彦俭	彦莘	彦硕	彦题	彦颢					
		公达	公逵					公进	公迁	公俅	保义郎公或
	左班殿直举之	敦武郎崇之					成忠郎行之	修武郎用之			武翼郎佑之

楠夫			𬃊夫								
彦勉	彦虎	彦恺	彦佐	彦劭	彦钊	彦势	彦眚		彦惠		
左朝请郎公彬		秉义郎公彰		从义郎公彤	保义郎公钐		公稛	公裣	公并	公禅	公社
							秉义郎彪之				

			赠右屯卫大将军叔潽	三班借职拱之								
				秉义郎立之	忠训郎公玶	彦泽						
				承信郎庑之								
			清源侯叔绀	西头供奉官益之	承节郎公震							
				赠敦武郎和之	训武郎公彦	彦杆	侮夫	时庸				
						彦揆	晐夫					
							蛮夫					
						彦柄	倰夫					
						彦棒	玣夫					
							俾夫					

	承信郎公颜			
赠奉国军节度使进之	赠武德大夫公显	彦篪	烋夫	
		彦琽	涢夫	时中
			澖夫	时举
				时升
		彦琷	谕夫	时英
				时敏
			诰夫	时启
			譼夫	时和
			諿夫	
			誴夫	时俊
	武翼郎公项	彦瑁	注夫	时贵

时震

升夫 镬夫 蒙夫 安夫

彦璋 彦珥 彦闰 彦璃 彦侠

修武郎公颀 公淡 朝请大夫公奁 公秦

忠训郎信之 右侍禁从之 承节郎德之 赠朝散大夫岳之

			秉义郎	
		彦兴	公襄	教之
	珉夫	彦共		
				承信郎
				胜之
			承信郎	保义郎
	济夫	彦滔	公涛	高之
时德	滨夫			
	清夫			
			承信郎	
			公洽	
			承信郎	
			公洙	
			成忠郎	
		彦左	公超	
		彦右		
				成忠郎

				感之								
			赠曹州观察使叔熊	修武郎宜之								
				秉义郎能之	忠训郎公宜	彦玫	嵋夫					
							崧夫					
					训武郎公立	彦珏						
						彦琛						
						彦倂	栻夫					
							柼夫					
							柜夫					
							樗夫					
							榊夫					
							棣夫					
						彦汮	杓夫					

橓夫	煓夫		鐖夫													
	彦玲		彦泽									彦昌				
			公戬	承节郎	公钦	承信郎	公钤	公鉴		公肃	承信郎	公英				
		成忠郎	百之	忠翊郎	怀之				成忠郎	瑞之			承节郎	纯之	德之	承节郎

					节夫											
彦禄	彦寿	彦文		彦松	彦桩	彦梓	彦材									
		公至	公全				公王	公谋		公寤	公窑	公宗		公进		
								梴之	忠训郎			升之	保义郎	持之	迪功郎	倩之

逼夫	彦任	公彧	宾之	
		忠翊郎	宣教郎	
			直镇之	
			左班殿	
			直望之	叔源
			左班殿	文平侯
		公刚		
	彦法	公铨		
		承节郎		
		公铢		
		公铁		
		公铸		
		公镇	闻之	
		成信郎	修武郎	
	彦数			
	彦敌	公祗		
		成忠郎		

时长													
雍夫		周夫	召夫	宣夫	慧夫	禹夫	文夫	武夫	显夫	复夫	常夫		
	彦保	彦伯				彦僙			彦俐	彦溥	彦济	彦澄	彦葑
										修武郎公俊	武翼郎公现		忠训郎公仔
										忠训郎坚之			
										武经郎叔茞			

夫饰	夫僂	夫遞	夫证	夫诘	夫郕	夫邢	夫郢						夫㝅			
彦法			彦嵱		彦秩			彦宙	彦楷			彦铢	彦㬿		彦賔	
										公修	承事郎	公傅		朝请大	夫公介	成忠郎

		公倧	彦畴
			彦泾
			彦济
	承节郎裕之		
西头供奉官叔賟	承节郎元之		
	承信郎远之	公俊	
		公惠	
	能之		
武翼郎叔蓰	保义郎得之		
	忠翊郎衡之	公砥	
		承节郎	

偎之	公確	彥馨	玿夫
			佽夫
		彥峄	
		彥崎	
		彥𡶴	
	承节郎		
	公禛	彥岐	汴夫
			湙夫
			溘夫
		彥嶓	漉夫
			洴夫
			溦夫
		彥丰	
	承节郎		
	公砀	彥嶒	
		彥崝	𫖯夫
			𬱖夫

						彦峵	沅夫					
				从之								
				棕之								
				徭之								
			敦武郎叔倓									
		太子右内率府副率克彊										

宋史卷二三八

表第二九

宗室世系二十四

信国公克颛谥靖惠	建国公叔傩	赠左太中大夫亶之	训武郎公瑗		
			修职郎公琦	彦充	
				彦允	尧夫
					舜夫

			嗣棒	嗣枋	嗣栋	嗣楪	嗣桦		嗣鍝	嗣铖	嗣锞				
			若浃		若涣		若浒		若澎			若汧	若浍	若流	
			时偎					时儗	时侍			时倌	时儆		时俆
时夫	仁夫	信夫	选夫										进夫		
	彦纯		彦纶												
	从政郎公璐														

	时倭	兰夫	
若槐	时価		
	时侏	艺夫	彦综
		瞻夫	
		邅夫	彦绅
若檫			
若堤			
若怜	时储	遨夫	
		遏夫	
		遁夫	
	时倚		
若𬇙	时例	述夫	
		逑夫	
		迹夫	
		迁夫	彦纠
		迣夫	
	时榛		

若涞			若録	若锱		若樯											
时榈	时柚			时琄	时回	时龟			时纡	时绢	时缃	时蕊			时櫪		
	裪夫				艮夫	褰夫		恭夫				蕅夫	侃夫				
	彦绶	彦组				彦庞		彦永				彦亨	彦章		彦纹		
						公瑮	公琰						公琬	通仕郎			

			稑夫	
三班奉职爽之				
左班殿直亨之				
右班殿直燮之				
卞之				
忠训郎奕之	承节郎公璁	彦像	洛夫	时钊
				时镝
		彦備		
	公琼	彦倞		
		彦侣		
		彦徐	晛夫	
			晔夫	时媚
			合夫	

											时暕					时瀠
				楠夫							嘿夫	旨夫		昳夫	曚夫	喔夫
彦忠			彦荫	彦谖						彦杰		彦儗				彦侏
公瑗	公珍	公瑞		公琯	承节郎	公瑱		公璀	公瑾			公琄	保义郎			
						立之	武经郎									

彦洓	洒夫	时谐	若阅
			若闾
			若闿
		诗咨	若亘
			若奭
		时谋	若春
			若蒙
			若望
			若泰
	信夫	时寀	若厉
		时安	若愚
	衡夫	时运	
		时建	若禹
		时遵	
		时迈	
	俊夫	时习	
	修夫	时璜	

								时铎				
							便夫	时修				
								时俊				
								时杰				
								时亿				
								时仔				
			房国公叔匀	朝奉郎性之								
				成忠郎快之								
				保义郎快之								
				保义郎鞇之								
			安康侯叔轩	左班殿直蕢之								
				敦武郎								

	举之	公升		
		公昪	彦默	
			彦熊	
			彦烈	
			彦炁	
		公旦		
		公景		
		公旻		
		公晏		
从义郎叔倅	忠翊郎绰之	承信郎公绎		
右朝散大夫叔倩	奉议郎巩之	文林郎公朊	彦敔	儁夫
				坚夫
				眤夫
				睑夫

							彦孜	
				时梂	偶夫	彦敀	
						彦放	
					僘夫	彦敭	
					柎夫	彦敆	
					檝夫		
						彦畋	训武郎公贡
						彦敦	
						彦敉	
					恌夫	彦微	
					琀夫		
						彦效	修武郎公贺
					槺夫	彦敹	
					穮夫	彦敞	承节郎公贽

									率府率			
									右监门			
									叔瀞			
									率府率	克复		
									右监门	高密侯		
							公蒉					
						彦敢	公质					
					秫夫	彦牧						
					罜夫	彦敟	公赉					
							迪功郎					
						彦敷						
					穗夫	彦改						
						彦敹						
						彦效						
						彦敀						
					穑夫							
				时檄	柚夫							

叔纠				
东头供奉官叔抹				
敦武郎叔𦈌	忠翊郎隼之			
	仰之			
	韦之			
	成忠郎隶之			
	成忠郎甫之	公泽	彦禧	
			彦祐	
			彦裕	
			彦鍪	
		公涣	彦博	埽夫
			彦端	

										若镀	若[钅豖]	若录	若琏	若[木冒]	若浆	若柠
									时迥	时遨			进[辶禀]	进[辶会]		时[辶繇]
			淬夫	涠夫	选夫				咊夫							
彦竑	彦瀳	彦瑀	彦[王隶]		彦珶				彦代							
							公抖	赠朝请	郎公珩							
						承节郎	识之									
						敦武郎	叔[礻青]									

若枹										若边						
	时递	时这	时逢	时遏	时泓	时迆	时迚	时迳	时进	时镳		时运	时樀	时甹	时栔	时杼
		谱夫				璀夫			珠夫		琠夫	瑧夫			琥夫	
		彦傚				彦侗										

彦侍		
彦传	濯夫	时欂
	涤夫	时枭
	消夫	
彦俟	擢夫	
	钺夫	
		时荟
		时菀
		时迈
	针夫	时迫
		时迣
		时逵
	镄夫	
彦备	综夫	
	纶夫	
	沁夫	
彦翃	沂夫	

若芣	若藩															
时铚					时遒			时烝	时焦	时锴						
瑍夫		沚夫	淀夫	沸夫	澍夫	横夫	相夫	梅夫		核夫	柳夫					
		彦嗓				彦倏		彦佐				彦偘				
														公亘	公爽	保义郎
													承节郎	海之		

湉夫	璽夫	历夫	瑍夫	鑑夫	湯夫			钝夫					
彦伀			彦征			彦横	彦佮	彦峻		彦侲	彦什		彦偶
公逭								承信郎公述	承信郎公琫	成忠郎公遈		公迎	公週

			彦僯	
		将仕郎公遨	彦熔	
			彦铈	
			彦[钅代]	
		公逭	彦镛	
			彦锌	
			彦佯	
武翼郎叔驰	左儒林郎翼之	公桀	彦泚	[火侖]夫
			彦溇	棆夫
		承节郎公谯	彦玿	汻夫
				[氵仲]夫
				晢夫
			彦涫	锌夫
				镫夫

				秉义郎习之	武德郎公⿱将木	彦丕					
						彦溓	镡夫				
						彦淖	⿰火肃夫				
							熜夫	时⿱日天			
						彦淲					
					从义郎公⿱次木	彦⿰氵融	钚夫	时燻	若洊		
								时⿰火穹			
							镄夫	时⿰火卿	若湟	嗣迁	
									若濠		
								时⿰火皆			
								时⿰火延			
				赠秉义郎翚之	承信郎公栗						
				修武郎羿之	公集	彦镐					

						彦铸						
					公渠	彦[钅隶]	澟夫					
							[氵贯]夫					
							淎夫					
						彦镛						
						彦铄						
			右班殿直叔向									
			修武郎叔遥	慎之								
				咏之	公全							
					公辅	彦焘	原夫					
							昂夫	时特	若[钅甬]			
									若锋			
							孝夫					
							奕夫					
							俶夫	时表				

						彦庑						
						彦秌						
					公惠	彦璹						
		高密侯克整	信都侯叔氏	博平侯晦之								
				武功大夫祺之	成忠郎公琀	彦称						
						彦楑	嵗夫					
							傥夫	时枇				
						彦楧	洛夫					
							昱夫					
						彦恭						
						彦棆	潽夫					
						彦栢	洼夫					
					公琏							
					公玮	彦鳖	鋗夫	时璙	若榠			
									若樱			

若垙	若瀑					若濽										若[木将]
时株	时钃	时铪				时詶	时橡	时榛								时瑛
阐夫		岌夫		育夫	尼夫		方夫	金夫							钺夫	
		彦追	彦遁					彦造			彦榉	彦梗	彦桧	彦榛		
								公宜	公照							
									僧之	从义郎						

										若楙						
			时邋						时泭	时湃	时淤		时洑			时裯
迹夫	游夫	正夫	遹夫							任夫	但夫		踶夫	佃夫	党夫	
			彦仝		彦圃	彦国					彦逡	彦逵			彦遄	
			公仪	从事郎		公仪										
						撷之	修武郎									
						陵	大夫叔	赠正议								

			迅夫			
			邈夫			
				彦全		
				彦企		
		时適	庠夫	彦介		
		时遃				
		时逌				
		时侒	愿夫			
			⿰阝鸟夫			
				彦⿱厶山		
				彦衔	忠翊郎公仲	
				彦复		
					公任	
					公仍	
嗣淳	若銮	时优	能夫	彦贤	成忠郎公佐	修武郎扬之

嗣潭
嗣湜
嗣澺
嗣瀝
嗣瀌

宜夫

彦紧
彦坚
彦良
彦董

承节郎公任
公仔
公休
公系
公但

左朝请

												若僆	若依	若偭	若偃	
								时特			时厥	时廲				
							愿夫	昴夫	孝夫	变夫	俶夫					
							彦焘									彦庑
	公议	公囦	公论		公全	承节郎	公辅									
郎缉之	塔之	奉义郎	塔之	忠翊郎	祈之											
		赠右千	牛卫大	将军叔	谆											

	保义郎公惠				
保义郎禋之	公寅	彦阈	汤夫	时琨	
				时[illegible]	若鋈
					若[illegible]
				时玼	
		彦问	俞夫	时琣	若惠
					若恣
					若慦
					若悬
				时[illegible]	
			摇夫		
			金夫	时[illegible]	
				时懕	
			舍夫	时鑑	
	公进				

若瓃	若璎	若璀	若瑓	若瑫	若璹	若璼	若轮								
时倯		时倍	时偭				时璇	时璹					时珢	时珂	
起夫							硪夫		雩夫	协夫			镬夫		钎夫
彦觉										彦需			彦佻		
承信郎公贤											公旦	公寿	公呈		

若至	若墉	若琈							若洴							
		时鐇	时溪			时釰	时钠	时镨	时钏	时鑵	时鉼				时瀐	时隶
			茀夫	谟夫	芾夫				诗夫		讪夫	訑夫		镙夫		钩夫
									彦郗			彦悉				
												公明	秉义郎			
												禔之	保义郎			

						若墨
					时钌	若𬏫
						若明
				请夫	时佥	
	谧之					
	忠翊郎袚之					
东牟侯叔浑	三班借职禧之					
	左班殿直𥙷之					
	保义郎禊之					
文安侯叔钊	保义郎襜之	公谨				
	承节郎祖之	公傔	彦琖			

			彦珇			
	承节郎 祐之					
武节郎 叔謩	修武郎 英之	公溢				
		公汴				
		公源				
		公湛				
	保义郎 莨之					
赠承议 郎叔绳	文林郎 咏之	公宎				
		奉信郎 公旷	彦缙	迥夫	时禣	若垔
					时祈	若陘
					时城	
			彦璐	镤夫		

时滨	时銮		时骈							时堠	时壨	时边		时昂		
铜夫	镭夫	扔夫	锌夫	鉎夫	镲夫		烘夫			熑夫		焌夫		炔夫	烙夫	
彦璡							彦经			彦𬘡			彦绣	彦𫄸		
						公旸	公晖	公昭	承节郎	公晙						
																秉义郎

				泽之	公勉					
					公扐					
				赠中奉大夫涣之	朝奉大夫公夤	彦则	冈夫			
						彦囦	回夫	时祺		
								时稽		
							当夫	时衔		
								时果		
							党夫	时卿		
			武翼大夫叔斯							
			赠金紫光禄大夫叔咀	秉义郎纮之	公元					
					承信郎公化	彦牧				

		彦颀	城夫		
			燠夫	时改	若鉴
				时襄	
		彦绎	翀夫		
			濮夫	时爐	
			淙夫		
		彦翌	楮夫		
			玠夫		
			玗夫		
			琱夫		
			培夫		
		彦祺	皆夫		
			琴夫		
			榛夫		
右中奉大夫、开国男	从政郎				

绍之	公起	彦耸		
	承直郎公赉	彦镤		
		彦访	杆夫	时璣
	文林郎公资	彦旒	篴夫	
			唅夫	时椳
	从政郎公琤	彦谦	榕夫	时熉
				时础
			桍夫	时熺
			橡夫	时燧
			櫅夫	
		彦诅	梫夫	
		彦计	桪夫	时奂
			秔夫	
		彦谨	榼夫	

						彦谏	橘夫					
						彦嗓						
				左朝请大夫继之	秉义郎公鼐	彦恺						
						彦省	翱夫	时珽				
								时瑑				
								时璃	若升			
								时现	若溶			
								时璩				
							椱夫					
						彦繇						
					修武郎公盛	彦浔						
						彦长						
						彦陵	榗夫					
						彦审						

	承议郎公隰	彦冈		
	从政郎公霈	彦憁		
		彦悬	沨夫	
			洇夫	
		彦意		
	宣教郎公卣	彦寅		
		彦秦		
		彦楺		
		彦槏		
	从事郎公鼌	彦比	畚夫	
修武郎镓之	左从政郎公硞	彦琦	溗夫	
			浭夫	时檏

			时庑	时庨	时尘		时神					时桄		时榴	时稼	
遧夫		棨夫	宕夫			宿夫	淝夫	漒夫				免夫	倸夫	澍夫	瀿夫	汸夫
		彦商					彦葴		彦邠		彦𪻐	彦瑚		彦瑨		
	朝请郎公砬									迪功郎公磦						

			溭夫	时偪	若焕
				时秎	
				时稼	
	成忠郎公砸	彦调			
忠训郎维之	公臣				
	公吾				
	公稽	彦儒	睨夫		
			曦夫		
			昨夫		
	承信郎公岩				
忠翊郎绪之	承信郎公卫				
	承节郎公衡	彦演	棁夫	时炢	

		时烰	
		时炤	
		时⿱鼓火	
	枲夫	时⿱攸火	
	檃夫	时⿰火旬	
	耒夫	时煤	
		时⿰火恳	
彦璋	栝夫	时炤	
		时熚	
	棈夫	时烱	
	椨夫	时⿰火虑	
		时燫	
彦法	⿰木熏夫		
	桷夫	时⿰火肴	若垩
		时燎	
		时燐	
	楠夫	时灸	

								时渼				
						彦沃	檬夫	时烁				
								时籫				
							棫夫					
				承节郎绎之	保义郎公澈	彦箕	估夫	时盻				
							孺夫	时譆	若偲			
								时谡				
							德夫					
					成忠郎公泳	彦恭						
						彦璹						
			武节大夫叔辨	忠翊郎琇之	公一							
					公二							
					公千	彦浩	注夫					
				承节郎								

				瑚之	公釜	彦镃						
						彦艮	赏夫					
						彦起						
				城之	公仪	彦迪						
				承节郎 璨之	公寿							
					公焘							
				璟之	公万	彦倬						
				玠之								
				珙之								
				琼之								
				成忠郎 珏之	公语							
					公处							
					公炽							
					公莱							
					公为	彦揄						

琮之	公复	彦缙		
		彦缊		
	公阈			
	公笑			
	公直			
保义郎玖之	公梓	彦霆	谥夫	
			喧夫	
	成忠郎公桧	彦综		
		彦潮	锢夫	时墀
				时垛
			镫夫	
			锡夫	
			钺夫	
			转夫	
		彦涞		

成经郎叔瑰	肃之				
	厚之				
	载之	公鳥	彦邦	劭夫	
			彦镨		
			彦乂		
		承信郎公节	彦铨		
			彦钢		
			彦爕	昆夫	
左班殿直叔渡	承节郎允之	承信郎公彦			
敦武郎叔嶒	承信郎僎之	秉义郎公及	彦际	遝夫	时荚
				通夫	
				进夫	
				遂夫	

			道夫
		彦拟	
	公琣		
忠训郎 用之	公晞	彦谈	腆夫
		彦诩	茅夫
			荟夫
		彦赞	
		彦诞	
		彦玭	
	公迁	彦谱	淄夫
		彦诱	
		彦护	
	公昨		
	公晄	彦环	仞夫
			作夫
			篴夫

					机夫	玶夫	琬夫	递夫	让夫		
彦玦	彦玎			彦喧	彦谆			彦计		彦诜	彦诛
				公俊	承节郎公作					承节郎公价	
				忠训郎宝之							
		左班殿直叔腴	左班殿直叔较	秉义郎叔嘿							

							𫓧夫	赉夫								
彦䜣				彦讻	彦禧		彦厉	彦猛	彦揾	彦挑						
	公信		公倚	公仁		保义郎	公执								公厚	秉义郎
		秉义郎	宏之			秉义郎	宪之							武功大	夫节之	
														高密郡	公督耘	
											右监门	率府率	克播	乐平郡	王克暨	

			时雍								
			复夫								
彦侍	彦恭	彦律	彦鐩								
公原				公谨	承节郎公泽	承信郎公巽		公敏			公宁
						右侍禁理之	武翼大夫资之	敦武郎握之	祐之	忠之	从义郎翼之

	公寿			
	公主			
	保义郎公烨	彦虑	闰夫	
		彦淳	桂夫	
		彦湍		
		彦桦	昌夫	
秉义郎和之	忠翊郎公行	彦能	并夫	时用
		彦罴		
		彦熊	显夫	
			阐夫	
			才夫	时昕
				时照
				时方
		彦溢	安夫	
			仲夫	

						枳夫									阁夫	嵋夫
						彦推	彦伪		彦表	彦可			彦屺			彦矗
公標	承信郎	公桂	公权	保义郎	公微		公谐	承信郎		公兴	公似	公翊郎	公夙	公明		
			先之	敦武郎										立之		
			叔侚	饶阳侯												

	修武郎道之			
	承节郎顺之			
	忠翊郎硕之	公仙	彦昹	
			彦暠	
			彦𬀩	
			彦昨	
			彦輙	
			彦伎	
		公域	彦瑇	
		承节郎公畏	彦锐	
			彦琍	麟夫
			彦珇	
内殿崇				

班叔缮				
内殿崇				
班叔蠡	孑之			
	似之			
	修武郎			
	补之	公弹		
	忠训郎			
	宜之	公坚		
		公寿		
		公强		
		公弡	彦裒	衔夫
		公弥	彦琩	
	保之			
武安郎	保义郎	承信郎		
叔宴	令之	公鉴	彦宣	幼夫
				遴夫
			彦若	遄夫

運夫				
	彦靖			
	彦钦			
		承信郎		
	彦辉	公焘		
	彦竑			
		公廉		
			从之	
			球之	
				东头供
		承节郎	从义郎	奉官叔
		公珪	宜之	濮
		承节郎		
		公琰		
				修武郎
				叔俾
				左班殿

			直叔诐									
			右班殿									
			直叔鲔									
			武经郎									
			叔蠖	谌之	公彦							
				修职郎								
				谊之	公哲	彦频						
				修武郎	承节郎							
				说之	公易	彦趺	濋夫					
					承信郎							
					公执	彦龚						
						彦跻						
						彦踵						
				从义郎								
				谓之								
			从义郎									
			叔旨									

			武翼郎叔跗									
			右侍禁叔瑄									
			右班殿直叔详									
			修武郎叔迹	成忠郎遇之	承节郎公明	彦暧	沾夫					
						彦穗						
						彦昕	祓夫					
						彦瀹	漼夫					
					公颢							
				显之	承信郎公暾							
					公时							
				珙之								
		赠左领										

军卫将军克壮					
赠右屯卫大将军克终					
荣国公克类谥良孝	冯翊郎叔携	武翼郎全之	承节郎公弱		
			承节郎公昌	彦廪	
				彦廉	
				彦禀	枌夫
					楮夫
			从信郎公从	彦鱼	杩夫
					橡夫
					璔夫

荣夫	彦瓌		
	彦瑧	公嚭	
		承节郎	
	彦睩	公衮	同之
			敦武郎
		公靓	
		公珏	
抵夫	彦傍		
	彦儵		
	彦僬		
楧夫			
檍夫			
植夫	彦俛	公赫	
		训武郎	
		公弃	
		公邠	
		将仕郎	

							莹夫					
						彦瑞						
			赠武翼郎叔急	武翼郎顾之	公廉							
					秉义郎公庆	彦约						
						彦缟	棫夫	时俊				
								时杰				
							樟夫					
							栿夫					
				左班殿直颐之	承节郎公载	彦绍						
						彦颋						
						彦绂						
						彦维						
						彦纯	靖夫					
							翊夫					

赠中散大夫公骥	彦经	材夫	时岙
			时显
	彦绳	朴夫	时傁
			时倩
			时儒
			时僇
	彦绘	招夫	时悉
		揆夫	
		庥夫	时晷
		森夫	
	彦䌹	恪夫	时渊
			时韫
		集夫	
		甄夫	时鉴
		⿰口严夫	

							偘夫	时槩				
						彦终	橚夫					
							初夫					
							桧夫					
				秉义郎顾之	承节郎公戭	彦纺	櫰夫	时楙				
				愿之								
			武功大夫叔瑱	修武郎穮之	公偃							
					公伸	彦孚						
						彦择						
				忠训郎穗之								
				敦武郎程之	承节郎公俣	彦秀	谞夫					
							訹夫					
							諲夫					

	彦艾	武经郎公伢	忠训郎稷之
	彦桴	成忠郎公伋	
	彦稔		
	彦稴		
	彦秢		
稷夫	彦穑		
	彦穜	朝奉郎公偰	
	彦枋		
铦夫			
锐夫	彦秱		
谌夫			
泽夫			
谱夫	彦穫		
譤夫			

						彦薁						
						彦荿						
							公俨					
							公侣					
							公佁					
								承节郎				
								稹之				
								承节郎				
								称之				
								[illegible]之				
								忠训郎				
							公彦	[illegible]之				
							公傥					
							公份					
						彦琼	公倬					
						彦统						
						彦琠						

贯夫			
寿夫	彦实	公仲	
秀夫	彦崇	公偱	
	彦毛	公敩	稃之
			忠训郎
		公蓁	
		公俭	
		成忠郎	
		公僭	
		公俫	榠之
			修武郎
		公信	
		公侧	磁之
			秉义郎
		公礽	
		公徤	
融夫	彦诵	公杰	

		彦杯							彦咏
公俏	公倖	公侣	公偰	公俣					成忠郎公会
	忠翊郎穟之	承节郎穖之		𥞊之	忠翊郎一之	立之	保义郎稢之		秉义郎程之
					东头供奉官叔订	武经郎叔□			

左班殿直叔埤　赠右通议大夫、集英殿修撰叔近

赠朝请大夫交之

公得　承信郎公孜　公孟　公鲁　从政郎公喆　右迪功郎公实

彦著　彦寿　彦冰

玷夫　璿夫

		琇夫
		瓘夫
		玘夫
		璨夫
朝奉大夫公宾	彦候	⿰王惢夫
		瑻夫
	彦债	
	彦假	绾夫
		绂夫
		缵夫
	彦倪	缅夫
	彦优	旺夫
		尊夫
		谦夫
		议夫
	彦仞	

彦仟		
彦儆		
彦悳		
彦偶		
彦傈		
	公賓	
	公窶	
彦偤	秉义郎公寀	
彦侣		
彦諴	公寠	卞之
彦淋		
		燮之
	公賚	右迪功郎俶之
彦模	修职郎公滓	

	彦珉	儴夫	
		俣夫	时衆
		修夫	
		俥夫	时樀
		皆夫	
	彦珹	桀夫	
公湝			
承节郎公汻	彦榕	境夫	
		场夫	时镬
		㻣夫	
迪功郎公湔	彦铁	赒夫	
		賥夫	
公洙	彦悉	祤夫	时倖
		祝夫	
		[illegible]夫	

							祑夫						
						彦湑	祊夫						
						彦彝	鋈夫						
				绘之									
			武经大	修职郎									
			夫叔玑	葵之									
			内殿崇	保义郎									
			班叔梁	楫之	公言								
			成忠郎	成忠郎									
			叔颠	显之									
				成忠郎									
				成忠郎									
				颃之	公靓	彦玒							
					公颂	彦玗							
						彦珆							
					公领	彦琿	袓夫	时逭					
							褯夫						

						裬夫						
						禘夫						
					彦玶	祋夫						
						褤夫						
					彦现	褍夫						
						衸夫						
						𧙕夫						
					彦瑾	禄夫						
						褣夫						
			修职郎 顾之	承节郎 公珷	彦岍	湑夫	时鉴					
							时鋈					
					彦崿	徹夫	时湔					
						徼夫	时濮					
							时潸					
					彦峤	缯夫						
						綨夫						

彦莛

柽夫
彦芸
朝请郎
公意
赠朝奉
郎箕之
修武郎
叔并

[illegible]夫
彦釭
公瑳

承节郎

宁夫

筵夫

守夫

寊夫

[illegible]夫

寖夫
彦钜

湲夫

澞夫
彦驰
公琅

承节郎

彦嵎
公珙

缔夫

绋夫

				若铸									若铏			
				时梴									时磏	时碱		
	柾夫			楠夫					礼夫	杼夫	棬夫		槿夫	槚夫		
	彦芊		彦苗	彦莱			彦葳		彦茖				彦芑		彦荃	
忠训郎	公恚	从义郎	公懇		公悫	训武郎	公憙	忠训郎	公褰			成忠郎	公慗			
																秉义郎

			笄之	公惠	彦聚	橙夫	时遻
				公薫	彦芷		
					彦荪		
					彦苡	傻夫	
					彦蓳		
				公蕙	彦蒻	槊夫	
						桶夫	时铸
							时锼
						梓夫	
安定侯承操	太子右内率府副率克勉						
	常山郡公克助谥孝良	建国公叔复谥孝良	奉议郎延之	公远			
				公位			

							公表					
							公迁					
							公说					
								朝奉郎				
								建之				
								修武郎				
							公懋	祉之				
							承信郎					
						彦傅	公悫					
					约夫	彦僊						
					褫夫							
							承信郎	秉义郎				
						彦竑	公走	禔之				
			若褱	时倇	和夫	彦錋						
			若岪									
				时禄								
				时僘								

			彦镭	源夫	时枚	
				齐夫	时廥	若潐
						若颧
					时厲	
					时庁	
					时庙	
				珍夫	时溢	
				诃夫	时璟	若乔
				杉夫	时湅	
					时泩	若宝
					时潒	
				弥夫	时拂	
		公霤				
		保义郎公从				
康州防御使叔	忠训郎					

			洞	衡之								
				左中大夫术之	承节郎公儒							
					左从政郎公杰	彦𬀩	𬇙夫	时憝				
						彦略						
						彦晧	泽夫					
						彦晤						
						彦昞						
					右从政郎公健	彦𬀪	泜夫	时㤹	若鋻			
									若熡			
								时懤				
								时惣	若碥			
								时㥄	若碏			
						彦升	𦈯夫	时𥲅				
								时𢘑				

								时意				
							𬭸夫					
					宣教郎							
					公亿							
					公保							
					儒林郎							
					公偰	彦晓	铁夫	时衘				
							历夫	时惪				
							锖夫					
							钒夫					
						彦晰	溎夫					
							塈夫					
							坒夫					
					承信郎							
					公佖							
				从义郎	成忠郎							
				卫之	公俟							

					成忠郎公倬							
				秉义郎衜								
			武德郎叔旿	忠朝郎定之	公倚	彦聿	宏夫	时璠				
								时梗	若慇			
								时熛				
								时[illegible]				
								时璙				
								时茵				
								时芝				
							卫夫	时讘				
							宁夫	时珽				
							穷夫	时鏻				
								时铋				
								时镏				

若漆			若湔	若濂	若淫		若悉	若恭	若悳	若憲	若忝	若怂	若憋			
时鉌	时钎		时志			时谳	时诂			时诠		时诒		时调	时谐	时订
		从夫	宝夫				立夫									
		彦译														

承节郎宽之	公珍			
	公珺	彦𢫬	情夫	时漐
				时汧
				时钴
				时䅺
		彦㨨	悾夫	时䅣
			愔夫	时穗
			惐夫	时穰
		彦挰		
		彦揽		
	公琪			
宷之	公薿			
	公璘			
	公珰	彦撕	諔夫	时琾
			谒夫	时玺
				时壘

时赉				
时昃	抱夫			
时叓	㨦夫	彦逑	公僎	
			修职郎	
			公伉	
	摫夫			
	拼夫	彦禖		
		彦禰		
		彦袷	公亿	容之
				宧之
				宲之
	溇夫			
	燕夫			
	诒夫			
	谡夫			
时璺				
时垦				

					时贾
			彦暹	枥夫	时⿰土求
					时⿰土示
				榤夫	
				概夫	时埭
			彦遂	⿰王蜀夫	
				⿰王曳夫	
				玻夫	
			彦遭	⿰王兼夫	
		公倘			
		公倢	彦恰	根夫	
			彦偤		
内殿承制叔勷					
武功大夫叔鲜	承信郎玧之				
	琦之				

				珙之								
		建国公克勋	供备库副使叔蓬	修职郎载之								
			武翼郎叔瑭									
			内殿崇班叔蹊									
	南阳郡公承亶	济阴侯克眷	宣城侯叔浩	修武郎寿之	公宝	彦从						
						彦徽						
						彦跂						
					公寔	彦岩	坊夫	时伈	若晭			
									若堲			
									若[illegible]			
							龚夫	时愜				
							墇夫					

				彦准	偞夫		
					优夫		
					僭夫		
	内殿崇班叔庚						
北海侯克迓	右班殿直叔晨						
	武功郎叔骁	保义郎贯之	公爻				
			公艾				
		承奉郎习之	公文				
		保义郎拱之	文林郎公乂	彦嘿	尧夫	时湉	若[王+土]
						时澺	若璥
							若埃
							若钥

若铉	若宦	若軨			若锐	若[illegible]		若墇		若铮					
		时汧	时瀫	时僐	时徒		时佫	时借	时喧	时烯	时系	时傅	时偣	时傆	时罠
				缕夫				适夫		祁夫	烛夫				
				彦物							彦遒				
				公忐							公炁				
				忠训郎充之											

				时堂	
			鉴夫		
			岦夫		
			臬夫	时傜	若鑲
			撚夫		
			汞夫	时潚	
				时⿸尸泉	
右奉议郎左之	承信郎公衷	彦铿	泷夫		
			涫夫		
			濔夫		
		彦钒	铼夫		
右之	公愿	彦坪	慸夫	时铭	
				时锟	
				时镧	
			篆夫	时茹	
				时潠	

								时濮				
						彦琈	[竹毅]夫	时拟				
								时揥	若瑨			
								时掴				
								时㩶				
							篇夫	时摅				
								时掎				
								时拊				
					公窸							
				承信郎[艹諴]之	保义郎公都							
					公贵							
					公心	彦[钅宗]						
						彦[钅尔]						
			佑侍禁叔饶	从事郎和之								
				左文林								

				郎厚之	公旦							
					公玵	彦实	瓔夫	时镈				
								时镣				
								时锄				
							[王勒]夫	时雯				
				修职郎仰之								
				定之								
			武经郎叔漉	兆之								
				右朝辰郎约之	从义郎公甫	彦洸	侪夫					
							逯夫	时鋋				
						彦灏	惬夫	时霙				
						彦信						
						彦洜						
						彦惠						

		彦江	倘夫	
	训武郎公申	彦先	肖夫	
			裳夫	
			缨夫	
			菂夫	
			掌夫	
			著夫	
		彦允		
	保义郎公均	彦嶓	繇夫	时谆
		彦诹	憓夫	
		彦穮		
		彦善		
希之				
益之				
揖之				

				恭之								
		东阳侯克慕	左侍禁叔琮	忠训郎泳之	公芹							
					儒林郎公楷	彦升						
						彦归	霍夫	时栎	若遣			
								时柜	若迺			
					公文	彦达	慄夫	时谊				
								时䜴	若悆			
								时瑫				
								时琊				
								时琑				
							佇夫	时竣				
								时瑀				
								时激				
								时渐	若念			
								时讱				

若	时	夫	彦
			彦遵
	时稻	潸夫	
		櫰夫	
	时烽		
	时淳	栎夫	
		杯夫	彦远
		侠夫	
	时[illegible]		
	时[illegible]		
	时瑘		
	时[illegible]		
	时珝	仔夫	
	时瑸	偕夫	
	时[illegible]		
若愨	时[illegible]		
若應	时沿		

时鏊

伀夫

彦适 彦造 彦亘 彦逋 彦遐

秉义郎 公武 公政

秉义郎叔训 左班殿直叔街 右侍禁叔钢 武经郎叔蹇

昌化侯承右监门

率府率
克念

嗣